Sogensha
History Books
創元世界史ライブラリー

近代ヨーロッパの形成

商人と国家の近代世界システム

玉木俊明 著

創元社

はじめに

歴史上ヨーロッパよりもつねに遅れていたと思われていたアジアは、現実にはかなり長期にわたりヨーロッパと同じような経済成長を遂げていた。アジアがヨーロッパより遅れたのは、歴史的には比較的最近のことであった。現在の歴史学界では、このような主張は市民権をえている。

しかしまた、アジアやアフリカ、さらには南北アメリカ大陸の多くの地が、ヨーロッパの植民地であった事実を無視すべきではない。近年、このような考え方がヨーロッパ中心史観として批判されることもあるが、現在のアジアの勃興でさえ、基本的にはヨーロッパで生まれた制度を取り入れたからこそ可能になったことを忘れるべきではない。われわれは、いまなおヨーロッパが形成した価値観にもとづいて暮らしている部分が多く、ヨーロッパが生み出したものとは違う価値観が主流になるには、なお数世紀の歳月が必要とされるであろう。

歴史学は、ヨーロッパで生まれた。したがって歴史学という学問それ自体が、ヨーロッパ中心のものである。われわれはランケの子孫であっても、司馬遷の子孫であることはできない。

人類の歴史とは、ほとんどの時代を通じて、飢餓との闘いであった。徐々に経済成長を達成していたとはいえ、人類は、明日の糧《かて》を心配しないで済むという状態にはなかなか達しなかった。一六世紀中葉のヨーロッパでそこからの脱却がはじまったが、やがてヨーロッパ外地域を犠牲にすることで、この過程が達成されたのである。本書では、工業国が原材料輸出国を収奪するというウォーラーステインに代表される従属学派のモデルとは異なる枠組みを用いて、その理由を説明する。この過程そのものが、「近代ヨーロッパの形成」過程であった。

一六世紀中頃にはじまった「アントウェルペン商人のディアスポラ」によって、等質的な商業空間が生まれ、それが広がっていったことこそ、近代世界の特徴であった。この当時の世界全体を見渡した場合、おそらくアントウェルペン商人の役割など、大したものではなかったであろう。しかし、それがやがて世界史的意味をもったことを、本書で明らかにしたつもりである。

商人ネットワークについては、とりわけイベリア半島から追放されたユダヤ人であるセファルディムの役割が重要視される。彼らがオランダのアムステルダムを根拠地としてさまざまな地域に行ったことにより、商業ノウハウが伝播した。また、アムステルダムを通じて、さまざまな商業情報がヨーロッパのいたるところに流れた。それが、ヨーロッパ経済の発展に大きな意味をもった。

このように本書の特徴として、「情報」という無形財を重視していることがある。経済史は、比較的最近まで、毛織物や砂糖など、具体的な形をもった商品である有形財が研究の主体であった。たしかに近年、情報の重要性が徐々に認識されているとはいえ、私のみたところ、経済史研究の枠内にとどまっており、なかなか「一般の歴史」のなかで語られることはない。本書で情報に目を向けた歴史学の面白さが伝えられれば幸いである。

ヨーロッパにおいては、国境にとらわれないコスモポリタンな商人ネットワークが存在し、それを利用しながら主権国家が形成されていった。この時代のヨーロッパ諸国は戦争遂行のために巨額の借金をしており、しばしば「財政＝軍事国家」とよばれる。国家は市場や商人を軍事力で保護し、経済活動に介入した。本書ではそれを「国家の見える手」とよぶ。イギリスのみならず、各国の産業革命には「国家の見える手」が必要であった。

大西洋経済形成に関しても、各国の貿易（帝国内貿易）だけではなく、各国の貿易を結ぶ帝国間貿易も論じた。ヨーロッパのいくつかの国が形成した大西洋経済をつなぐ役割を果たした点でもっとも重要だったのは、セファルディムであった。

本書は、前著『近代ヨーロッパの誕生――オランダからイギリスへ』（講談社選書メチエ）ではあまり書けなかった商人と国家の重要性に頁を割き、とりわけ大西洋貿易と異文化間交易を重視し、あつかう時代を長くし、一九世紀後半までを対象とした。

なぜヨーロッパが他地域に先んじて経済成長を遂げたのか。経済成長と近代国家が形成されていく過程を跡づけ、近代ヨーロッパがどのように形成されたのか、その過程を考察した。また一九世紀ヨーロッパで目覚めた国民意識、さらには国民国家形成も、情報の伝達という面に目を向けなければ理解できないと論じている。

「商人と国家」は、近世から近代、場合によっては現代の経済史を研究するうえでのキータームである。この二つの活動が相乗効果を生み、近代ヨーロッパが形成された。本書は、それを示すために書かれた。読者には、本文でその具体的な過程をたどっていただくようお願いしたい。

目次

はじめに　1

序章　近代ヨーロッパ形成を読みとく視点　15

1　近代ヨーロッパはどのようにして形成されたのか　16

2　「大分岐」論争――ヨーロッパとアジア、経済成長の分岐点　19
ヨーロッパとアジアの比較／「大分岐」論の妥当性

3　産業革命の発生条件――なぜイギリスだったのか　24
自然条件――貧しいヨーロッパの自然環境／産業革命が綿業からはじまった意味／石炭の利用と産業革命

4　商人と国家の「近代世界システム」　27
ウォーラーステインの「近代世界システム」／「近代世界システム」の限界と可能性／主権国家を生み出した近世の戦争／「大分岐」論と近代世界システム――商人と国家の役割

第1章　商人と国家が織りなす世界史――近代世界システムとグローバルヒストリー　35

1　歴史研究の新潮流「グローバルヒストリー」　36
グローバルヒストリーとは／ウォーラーステインの近代世界システム／ポメランツの「大分岐」論

2　「大分岐」をめぐる四つの議論　44
施しよさらば――生活水準の向上／「有用な知識」と経済成長／ヨーロッパが豊かになり、アジアがそうならなかったのはなぜか

3　グローバルヒストリーと近代世界システム　50
四つの議論をめぐって／グローバルヒストリーと近代世界システムの相違／商品連鎖と近代世界システム／支配＝従属関係と国際分業体制は同じか／商品連鎖と従属関係

4　近代世界システムとヨーロッパ　60
近代世界システムと主権国家／戦争と主権国家

5　国際的な商人ネットワークと主権国家　63
主権国家と商人ネットワークの関係／商人ネットワークの拡大とヨーロッパ経済の成長

第2章　商人ネットワークの拡大――アントウェルペンからロンドンまで　68
1　アントウェルペンの役割　69
ヨーロッパ最大の貿易・金融都市アントウェルペン／アントウェルペン商人のディアスポラ――ハンブルクへの移住／アントウェルペンからアムステルダムへ
2　世界最大の貿易都市アムステルダム　76
アムステルダムの発展――大量の移民／ステープル市場論とゲートウェイ理論／宗教的寛容がもたらす多様な情報
3　ロンドンとアントウェルペン　82
ロンドンとアントウェルペンの関係――フィッシャーの視点／フィッシャー史学の評価
4　商人のネットワークからみた近代世界システム　88
近代世界システムとアントウェルペン商人のディアスポラ／国境を越える商人／都市のネットワークから中核都市へ
第3章　「情報」が変えた世界――商業活動と国家の関係　92
1　モノの経済史から情報の経済史へ　93

情報の世界史へ／グーテンベルク革命がもたらしたもの、もたらさなかったもの
2　ディアスポラと情報伝播　97
北方ヨーロッパの台頭／グーテンベルク革命がヨーロッパ商業に与えた影響／情報連鎖
3　アムステルダムの役割　104
情報センターとしてのアムステルダム／オランダとヨーロッパの経済成長
4　ヘゲモニーの移行　109
国家の経済への介入／商業活動と国家の関係／オランダと軍事情報／イギリス帝国のシステムの特徴／一八世紀の情報伝達システムの特徴
5　「大分岐」の二つの段階　117
情報伝達のスピードと歴史研究／オランダとイギリスの相違／「大分岐」の第二段階としてのイギリス産業革命

第4章　主権国家の成立――財政と商業からの視点　120
1　主権国家をめぐって　120
主権国家とは何か／「軍事革命」と「財政＝軍事国家」／「財政＝軍事国家」イギリス

2　肥大化する国家財政　125
戦争と資金の流れ／一七世紀ヨーロッパ諸国の国家財政／オランダの財政／一八世紀の戦争――イギリスとフランス／イギリスとフランスの税制の違い／「イギリス税制のポリティカル・エコノミー」／オブライエンのパラダイムとその影響力の限界／フランスの財政――ジョン・ローのシステム崩壊と南海泡沫事件／スカンディナヴィアの財政
3　国家と商業との関係　142
商人のネットワーク／貿易からみたイギリスとフランスの経済／商業史と国家との関係／経済成長における国家の役割／国民意識の形成／名誉革命とアムステルダム商人／例外的なイギリス
第5章　大西洋貿易の勃興とヨーロッパの経済成長――各国の貿易と帝国間貿易　154
1　大西洋経済の勃興　156
ヨーロッパの内海としての大西洋／大西洋経済勃興の外観／大西洋貿易とヨーロッパ内交易
2　大西洋貿易の特徴　160
大西洋貿易と砂糖・奴隷／奴隷貿易

3 各国の大西洋貿易 166
ポルトガル／オランダ／スペイン／フランス／イギリス
4 各国の大西洋貿易をつなぐ 177
帝国間貿易／イギリスの特徴――帝国の役割

第6章 近代世界の誕生――フランス革命からウィーン体制期の経済史 183

1 イギリス産業革命期の経済成長は遅かった 184
産業革命期イギリスの経済成長の推計／クラウディング・アウト発生説／クラウディング・アウトはなかった／外国資金の流入
2 ヨーロッパ大陸の経済の変化 191
工業面での変化／貿易面での変化／フランス革命・ナポレオン戦争のイギリスへの影響
3 商人ネットワークの変化 196
アムステルダム・ロンドン・ハンブルクの関係／ハンブルクの貿易／フランス革命・ナポレオン戦争とハンブルクの貿易／オランダからイギリス帝国へ
4 ウィーン体制の経済的意味 205
ウィーン体制とヨーロッパ経済／産業革命と国民国家／ラテンアメリカ諸国の独立

終　章　近代ヨーロッパの形成――国家と商人と情報と　211
1　近代ヨーロッパの形成過程　211
大分岐時代のヨーロッパ／近代世界システムの開始とアントウェルペン商人のディアスポラ――同質的な情報空間の誕生／大分岐と戦争の継続／大西洋貿易の拡大とイギリスの特殊性／イギリスのヘゲモニー――近代世界の誕生
2　情報が支えたイギリス帝国――「ジェントルマン資本主義」再考　215
電信網の普及とイギリスのヘゲモニー／情報からみた統治システム／近代の支配＝従属関係

あとがき　223
図表出典　234
主要参考文献　249
索　引　254

装丁　濱崎実幸　　地図　河本佳樹

玉木つやの（一八九六～一九九四）にささげる

近代ヨーロッパの形成——商人と国家の近代世界システム

序章　近代ヨーロッパ形成を読みとく視点

近代とは、ヨーロッパの世紀であった。

一九世紀になり、とくに後半にはいると、アジア・アフリカの多くの国がヨーロッパの植民地と化す。一九世紀は、ヨーロッパ――ないしヨーロッパに起源をもつアメリカ――的な価値観が世界を支配した時代である。ヨーロッパ人は、未開なアジア・アフリカの人々を「文明化」することこそが自分たちの使命（Civilizing Mission）であると信じたし、植民地、または植民地にされそうになった地域にも、西洋化こそが「遅れた」自分たちの使命であると感じた人々がいた。

二一世紀のこんにちでは、西洋化が絶対の目標であると信じている人々は、ほとんどいないであろう。われわれは、ようやく近代ヨーロッパのありかたを客観的に分析できるようになりつつある。逆にいえば、近代におけるヨーロッパのインパクトは、どの地域でもきわめて大きかったのである。

では、近代ヨーロッパはどのようにして形成されたのだろうか。なぜ近代ヨーロッパは他地域に先んじて発展することができたのだろうか。近代を生み出したのは、むしろ近世ヨーロッパの経済成長であったのではないか。

本書では、こうした問題について欧米の最新の研究を取り入れつつ、さらに私の考えも反映させて多角的に検討する。ただ残念ながら、本書で扱うさまざまな議論は、日本の読者によく知られているとは言い難い。そこで序章では、本書で取り上げる議論やその背景についてまとめ、第1章以降の道案内をしておきたい。ここで述べられることは各章で詳しく論じられるが、まず鳥瞰図《ちょうかんず》を提示しておこう。

1　近代ヨーロッパはどのようにして形成されたのか

一六世紀がはじまった頃には、そもそもヨーロッパが将来世界の支配者になるということが、果たして考えられたであろうか。中国やオスマン帝国、インドのほうが、生活水準は高かったかもしれない。ヨーロッパはアジアからの香辛料などを必要としていたが、アジアがヨーロッパから必要としていた商品は、ほとんど何もなかった。言い換えるなら、ヨーロッパはアジアを必要としていたが、アジアはヨーロッパを必要とはしていなかったのだ。

ここで、ヨーロッパ内部に目を転じてみよう。周知のように、一八世紀後半に世界最初の工業国家となったのはイギリスであった。しかし一六世紀の段階では、たとえば繊維産業や海運業の発展という点からみるなら、ヴェネツィアに代表されるイタリアの都市国家のほうがイギリスよりも進んでいた。手工業の発展という点でも、イタリアと比較すると、イギリスの後進性は否定できなかった。第2章で述べるように、ロンドンはアントウェルペンの「衛星都市」とさえいわれていた。イギリスは、決してヨーロッパの先進地域とはいえなかった。

一七世紀になっても、ヨーロッパ経済の中心はオランダであった。オランダは毛織物工業を発展させたばかりか、ヨーロッパの船舶の半分以上を所有し、さまざまな国の商品を輸送し、海運業で栄えた。とくに、バルト海貿易で使われたフライト船が重要であった。当時のオランダはヨーロッパでもっとも生活水準が高く、その富は、他国の羨望の的になっていたのである。

オランダのフライト船（17世紀頃）

一方、この時代のヨーロッパは戦争が続き、多くの国は借金を増やした。いわば、戦時財政が通常の状態であった。フランス革命勃発の原因が財政の逼迫《ひっぱく》にあったことは広く知られるが、フランスのように財政が破綻したかそれに近い状態の国家は、ヨーロッパには多数あった。近世は主権国家誕生の時代であったとされる。しかしその主権国家は、膨大な戦費のために赤字財政に苦しんでいたのである。一八世紀を通じて、イギリスの一人当たりの借金はフランスよりも多く、オランダの一人当たりの税負担額は、一六世紀後半から一八世紀末頃まで、ヨーロッパで一番大きかった。さらに近世のスペインは、財政難のため何度も破綻している。

近世・近代をとおして、ヨーロッパは、アメリカやアジアなど海外に領土を求め、植民地化を進めた。とりわけ、大西洋経済の形成は、ヨーロッパ経済の成長にとって大きな刺激となった。おそらく大西洋経済が形成されなければ、ヨーロッパのアジアに対する優位はありえなかった。大西洋経済形成をめぐり、イギリスとフランスは何度も戦争をし、借金を繰り返した。しかも、フランス革命、ナポレオン戦争のために、ヨーロッパは政治的にも大いに混乱した。

このような状態にあったヨーロッパにおいて、なぜイギリスが他国に先駆けて産業革命に成功し、またヨーロッパ全体がアジアよりも高い経済成長を成し遂げたのだろうか――近世のアジアとヨーロッパの経済成長率の正確な比較は不可能であるが、そういって差し支えあるまい。このような問いに対して、一つの解答を与えることこそ本書の目標である。

結論を先取りするなら、商人ネットワークの発展と国家形成が同時に進んだことが、ヨーロッパ、ひいてはイギリスの優位を創出したのである。ここでは、そのようなシステムを「近代世界システム」と名づける。ただしそれは、近代世界システムの提唱者イマニュエル・ウォーラーステインのそれとは、大きく違っている。

近代は、たしかにヨーロッパの世紀であった。見方を変えれば、「ヨーロッパの世紀」は、近代という時代にかぎられていた。そのような考え方は、徐々にではあるが、多くの歴史家に認められるようになっている。

現在では、ヨーロッパがアジアに対して経済的に絶えず優勢であったという考え方そのものが否定されつつある。そもそもヨーロッパはアジアと比較すると植生が貧しく、自然産物の恩恵を十分に受けているとはいえなかった。自然環境だけをみると、アジアのほうが豊かであるといって差し支えあるまい。そのヨーロッパがアジア経済より豊かになるためには、与えられた自然環境による経済成長を超えるような仕組みが必要とされたはずである。ヨーロッパは、なぜアジアよりも豊かになったのか。

それを考えるための出発点として、ヨーロッパはいつ、どのようにしてアジアに優越するようになったのかという問題を扱う「大分岐」の議論に言及しなければならない。

2 「大分岐」論争――ヨーロッパとアジア、経済成長の分岐点

ヨーロッパとアジアの比較

どのような時代においても、ヨーロッパと比べてアジアはずっと遅れていた。

こういう考え方が、かつては主流であった。たとえばカール・マルクスは「アジア的生産様式」という言い方をし、アジアは同じような歴史を繰り返し、そこに発展性はないと考えた。

このような見方が、いつまで主流であったのかははっきりとはしない。現在もなお、ある程度続いている。たとえば一九九八年になっても、アメリカの経済史家デイヴィッド・ランデスはその著書『国家の富と貧困』のなかで、歴史的にみて、アジアよりもヨーロッパのほうがたえず豊かであ

った と主張していた。

しかし、これは今では、少なくとも開明的な歴史家のあいだでは、時代遅れになった考え方だといってよい。たとえば、従属理論（第1章で詳述）の生みの親の一人とされるアメリカの経済史家グンダー・フランクは『リオリエント』（原著一九九八年／山下範久訳、藤原書店、二〇〇〇年）で、一九世紀までヨーロッパはアジアの周辺にすぎなかったと論じた。本書は大きな論争を巻き起こした本だが、逆にアジア経済を持ち上げすぎているという感は否めない。

こういう状況にあって、アメリカの経済史家ケネス・ポメランツが二〇〇〇年に上梓した『大分岐』（*Great Divergence*）は、世界の経済史学界に大きな衝撃を与えた。この書物の内容とそれが与えた衝撃について詳しくは第1章で述べるが、その内容を簡単に説明すれば、ヨーロッパとアジアは同じような経済成長のパターンをたどっていたが、一七五〇年以降に前者は工業化の道を歩んだのに対し、後者の経済は停滞したということになろう。その理由は、イギリスが大西洋経済の開発に成功し、石炭を大量に利用できるようになったからだと主張した。これは、産業革命を世界経済史の転換点ととらえる見方である。本書の登場以降、この問題にかんするホットな議論が展開されるようになった。

ポメランツの議論を受け、現在では、おおむね一五〇〇～一八〇〇年の近世のあいだに、ヨーロッパがアジアよりも優位に立ったと考えられている。近年研究がさかんな「グローバルヒストリー」――一国史を越えた広大な地域を研究することを目標とする歴史研究の新潮流（第1章で詳述）――の研究者の多くは、この問題に対する議論に参加している。彼らの議論は、アジアよりヨーロッパのほうが経済的に優勢になったのは、産業革命によるのかそれ以前からかということが論じられているのが、特徴だといえよう。

「大分岐」論の妥当性

ここで、「大分岐」論に対する私の立場を説明しておこう。それは、本書の視点をより詳しく説明することにもなる。

「大分岐」論争に参加している研究者は、それぞれ独自の指標から、ある特定の時代にヨーロッパがアジアに対して優位に立ったと主張する傾向がある。しかし、指標が変われば、当然結論も変わる。この点については第1章で詳しく論じる。以下、「大分岐」にかんする私の考えをかんたんにまとめておく。

(1) まず生活水準という視点から、アジアとヨーロッパの比較を考えてみたい。直感的にいえば、一五〇〇年の時点でアジアとヨーロッパの生活水準に大きな差があったとは思われないであろう。しかし一八〇〇年時点を比較した場合、まず間違いなくヨーロッパのほうが生活水準は高かった。さらに一八五〇年になると、おそらくその差はさらに拡大した。そもそもヨーロッパの植生はアジアより貧しいのだから、新大陸からジャガイモ、砂糖、コーヒーなどが大量にヨーロッパに流入した一八世紀になって、ヨーロッパがアジアよりも生活水準を高めたと考えるべきであろう。

一四九二年にコロンブスがアメリカを「発見」してから、新世界原産の物産が旧世界に、旧世界原産の物産が新世界に導入された。これは「コロンブスの交換」とよばれる。新世界から輸入される商品のなかで経済的にもっとも価値があったのは、砂糖ないし綿であった。産業革命をおこしたのが綿であったことを忘れてはなるまい。これらの原料となる綿花やサトウキビは旧世界の原産であり、厳密な意味での「コロンブスの交換」には属さない。だが、それは重要ではない。むしろ、旧世界原産の産物を新世界に移植して、それを大量に生産し、かつ旧世界に輸入して完成品にするシステムの確立こそ、ヨーロッパとアジアの「大分岐」の理由の一つだったと考えるべきであろう。

(2) ついで、商業情報という観点から考察してみよう。もともと商業情報は、商人書簡ないし口頭で伝えられていた。また、商業の方法や商人の教育法を書いた「商人の手引書」(本書一〇〇〜一〇二頁参照)によって、世代を超えて商業情報が伝えられたとみることもできる。さらにヨーロッパでは、一六世紀中葉にアントウェルペンで取引所が創設され、そこでの取引価格が、手書きの「価格表」(price current) という形態で、比較的安価に多くの人々に知らされるようになった。その後、アムステルダム取引所の価格が、印刷されてヨーロッパ各地で入手可能になった。経済学的にいうなら、「情報の非対称性」が少ない社会が成立したのである。

通常、大学の経済学部の初級段階で習う経済学では、「完全競争市場」が前提とされている。それは、市場に参入するすべての人々が同じ情報をもっているという仮定のうえに立っている。しかし、いうまでもなく、これはフィクションにすぎない。現実の世界では、一人一人がもっている情報の量と質は異なる。

二〇〇一年にノーベル経済学賞を受賞したスティグリッツとアカロフが唱えた経済学の理論では、専門的知識をもつ情報優位者とそれをもたない素人の取引においては、それぞれがもつ情報の差がある。それは、情報の非対称性とよばれる。情報の非対称性が大きい場合には、情報劣位者（非専門家）が取引を拒否する。そのため、市場の取引そのものが破綻する。それを「市場の失敗」という（第3章参照）。

近世のヨーロッパでは、アムステルダムを中心として市場の情報が出回るようになり、情報の非対称性が少なくなった。そのため、商業活動に従事するためのリスクが低下し、市場の失敗は大きく減少した。そのような社会は、おそらく世界の他地域にはなかったであろう。まず、このようにヨーロッパが制度面（社会の仕組み）で他地域よりも優位に立つことができた。

これが、私の考える「大分岐」の第一段階である。またこのようにとらえるなら、近代世界システムにおける情報の重要性を見逃すことはできない。さらに、商業情報をもたらす商人のネットワークの意義を強調すべきであろう。

(3)「大分岐」の第二段階は、いうまでもなくイギリス産業革命である。かつてヨーロッパとアジアの貿易収支は前者の赤字であり、それを補塡するためにヨーロッパからアジアに銀が流出していた。ヨーロッパは、アジアの産品を入手するために新大陸の銀を使ったのだ。ところが、産業革命がおこったことにより、こうした両者の関係が逆転した。ヨーロッパ経済が、アジア経済を明らかにしのぐ力をもちはじめたのは、おそらくこの頃からであった。

「大分岐」とは、このように長期間を要した過程であった。まずヨーロッパ経済の制度がアジアよりもすぐれたものとなり、さらに産業革命がおこったため、最終的にヨーロッパ経済がアジア経済よりも優位に立ったのである。

第1章で「大分岐」にかんする代表的な論をまとめるが、ポメランツに代表されるそれぞれの論者は、ある一つの視点からの意見を提示しているにすぎない。もとより、「大分岐」を表す指標はいくつもあるはずであり、彼らの議論自体、単純すぎるといわれても仕方あるまい。

しかしまたほぼ確実なことは、「大分岐」における産業革命の重要性である。

3　産業革命の発生条件――なぜイギリスだったのか

自然条件――貧しいヨーロッパの自然環境

なぜアジアではなくヨーロッパに産業革命が発生したのか。

これは古くからの疑問であり、しかしまた、これといった解答が出されてはいないテーマである。まず、自然条件に注目してみよう。

先にもふれたように、アジアと比較すると――「アジア」の定義自体があやふやだという問題が残るが――、ヨーロッパの自然環境は貧しい。緯度が高いということもあり、自然からの恵みという点では、アジアはヨーロッパよりも豊かである。

身近な例をあげよう。誰もが知っているスポーツであるゴルフの発祥地は、スコットランドのセント・アンドルーズである。一七世紀初頭に生まれたこのスポーツは、日本でも人気がある。日本の場合、除草剤を撒いて雑草をとる必要があるが、スコットランドのゴルフ場では、雑草が生えない。それほど植生が貧しいからである。かつて日本のゴルフ場が悩まされた農薬問題は、ヨーロッパでは少なくとも日本ほどには深刻ではない。

自然からの賜物に基盤をおく経済システムに依存するかぎり、アジアのほうが優位であるといってよかろう。そして、このような自然条件を考慮するなら、アジアではなくヨーロッパに産業革命がおこった理由の一端は説明できる。

植生が貧しく、しかも米よりも生産性が低い小麦・大麦を食するヨーロッパにおいては、人口はアジアよりも少なかった。人口が少ないヨーロッパでは、人間の労働には希少価値があり（労働は希少財であり）、アジアよりも相対的に高い賃金を人々に支払う必要があった。そのため、ヨーロッパは機械化を進める必要があった。そうすることで、高い賃金が必要な労働者を雇わずに済んだ。一方アジアでは、人口が多かったので人々の賃金は低くおさえられた。機械化を進めるより、人間を使うほうが安上がりだったのである。アジアには、少なくともヨーロッパほどには、機械化をうながす要因がなかった。アジアではなくヨーロッパに産業革命が発生した理由を、自然条件をもとにして経済学的に説明するとこうなる。

では、ヨーロッパのなかでも、なぜイギリスからはじまったのだろうか。

産業革命が綿業からはじまった意味

イギリス史家のリグリィは、食料など「有機物」を中心とする経済から石炭などの鉱物資源（無機物）に移行したために、産業革命が生じたと考えた。実際、ヨーロッパで産業革命が発生したところはほぼすべて、炭鉱地に近接している。したがってリグリィの主張は、長期的にみれば明らかに正しい。ただし、イギリス産業革命が綿業からはじまったことが、きわめて重要である。長いあいだヨーロッパ最大の工業製品であった毛織物は、アジアのような暖かい気候には適さない。それに対し綿は、寒い地域でも、暑い地域でも着ることができる、しかも毛織物と異なり、何回も洗うことができる。そのために、世界史上初の「世界商品」となった。近年のヨーロッパの経済史研究ではこの意義が軽んじられる傾向にあるが、当時、綿以外の商品では世界的な需要は発生せず、おそらく産業革命は発生しなかった。

綿花の生産は、アフリカから奴隷労働を調達し、現在のアメリカ合衆国南部に送り現地で生産させるという形態をとった。したがって大西洋貿易の形成と密接な関係があった。綿は、元来インドの商品であった。それをイギリス東インド会社がイギリス本国に輸入していた。同社は本国で何が売れるのかという情報を入手し、綿製品を大量に輸入した結果、イギリス市場でまたたく間に売れたのである。

インドからの綿製品の売れ行きが良かったということから、イギリスは北米植民地の南部地域から綿花を輸入し、綿製品として世界市場で販売した。ここからも、「大分岐」には、情報が大きな役割を果たしたことがわかる。また、それまで以上に安価な商品を生産し、従来にはなかったより下層の人々のニーズを満たしたという点で、イギリス産業革命はマーケティングの勝利でもあった。「大分岐」とは、このように、多様で長期的な視野からとらえられるべきである。

石炭の利用と産業革命

また、ポメランツが説明するように、石炭を利用できるようになることが重要なら、イギリスから大量に石炭を輸入していたオランダから産業革命が発生しても、何の不思議もない。しかも、イギリス産の石炭は、デンマークやノルウェー（当時、ノルウェーはデンマーク領）にまで輸出されていたのであるから、それらの国から産業革命が発生してもおかしくないが、現実にはそうならなかった。石炭があったからといって、産業革命が発生するわけではないのは、いうまでもあるまい。単純にいえば、石炭は産業革命の必要条件ではあっても、十分条件ではなかったのである。

一方、オランダ経済史の泰斗であるヤン・ライテン・ファン・ザンデンは、一五〇〇年頃から北海沿岸は一つの経済圏を形成していたので、北海に面する地域のどこで産業革命が生じるのかは、誤差の範囲でしかなかったという。しかし、このような発言が説得力をもたないことはいうまでもない。産業革命がイギリスで生じたのはなぜかという、根本的な問いかけにまったく答えられないからである。オランダはいうまでもなく、デンマークで発生してもよかったということになる。だが、そのようなことがありえたとは思われない。しかも、綿業の重要性も無視されている。

4　商人と国家の「近代世界システム」

ウォーラーステインの「近代世界システム」

「大分岐」論争を視野に入れた本書の枠組みとなるのは、もともとアメリカの社会学者ウォーラーステインによって提唱された「近代世界システム」である。

近代ヨーロッパには、かつてのローマ帝国のような「世界帝国」はなく、政治的単位として重要なものは、比較的小規模な主権国家、のちには国民国家しかなかった。ウォーラーステインの考えでは、「世界帝国」を支えるための大規模な官僚制などは不要であり、その余剰が世界システムの発展に使われることになった。

ここで、ウォーラーステインのいう世界システムにかんする適切な説明を引用してみよう。

著者〔ウォーラーステイン〕のいう「世界システム」とは、単一の分業によって覆われる広大な領域で、その内部に複数の文化体を包摂するものである。歴史上「世界システム」は二つの形態をとって現れる。すなわち、「世界帝国」と「世界経済」とである。前者は、単一の分業体制のもとにあるばかりか、政治的にも統合されているものをさし、後者は政治的統合を欠く分業体制を意味する（I・ウォーラーステイン著／川北稔訳『近代世界システムI——農業資本主義と「ヨーロッパ世界経済」の成立』岩波現代選書、一九八一年、ix頁)。

ウォーラーステインの発想では、近世のヨーロッパ社会においては、このような分業関係が成立した。ある国が工業国となり、原材料の輸入国を搾取・収奪するというシステムが成立したのである。そのようなシステムをつくりあげたヨーロッパが台頭し、やがて世界各地を収奪していくことになる。欧米の発展は、アジアやアフリカ、さらにラテンアメリカの低開発化をもたらした。研究者はこれを、「低開発の開発（Development of Underdevelopment）」という。これが「近代世界システム」の特徴である。

ウォーラーステインの学説は、一九八〇年代から九〇年代の日本のさまざまな学界に影響をおよぼした。二一世紀にはいるとその影響力はいささか衰えたようにみえるが、いまなおその支持者は少なくない。その魅力は、何よりも「世界を一体化したもの」として描き出す視座にあろう。アフリカやラテンアメリカ、さらにはアジアの停滞は、欧米列強に従属化させられたからこそ生じた。ヨーロッパの成長の負の側面として、さまざまな地域が従属化され、発展の芽を摘み取られてしまったという主張は、とくに第三世界の貧困の問題がクローズアップされた一九七〇〜八〇年代には大きなインパクトがあった。

ところで、ウォーラーステインの『近代世界システム』の原著第一巻が上梓されたのは、一九七四年のことであった。本来なら現代までを扱った四巻本となるはずであったが、現実には二〇一一年に出版された第四巻はおもに一九世紀の英仏の政治的対立を論じており、第三巻までとは異なり、とうてい近代世界システムとよべるような代物ではない。ウォーラーステインは、ヨーロッパではじまった近代世界システムがアジアを包摂する過程を描くことはできなかった。このようになったのは、そもそも、彼の立論の仕方に無理があったからだと考えられよう。

「近代世界システム」の限界と可能性

ウォーラーステインの近代世界システムは、本来なら国境を越えた大きな地域を扱うグローバルヒストリー研究の大きな潮流になるはずであるが、現実にはこの二つの考え方は、むしろ対立しているように思われる。その理由を単純に述べるなら、グローバルヒストリアンの多くは、欧米が第三世界を収奪したとは考えていないからである。

私は、ヨーロッパが他地域を犠牲にすることなく経済成長をしたとは思わない。この点でウォーラーステインの近代世界システムと同じ視点をもつ。しかしまた一方で、ウォーラーステインが歴史的事実から理論を構成するというよりも、自分の理論に現実をあてはめている点が問題だと感じる。本書では、ウォーラーステインとは違うタイプの新しい近代世界システムを提示したい。

ウォーラーステインの議論は、近代世界を形成した産業資本主義にもとづいており、せいぜい一九世紀後半になってようやくあてはめることができる議論を、近世にそのまま当てはめたという点で大きな誤りを犯した。

近世は、産業資本主義といえるほど、工業が発達した時代ではない。さらに、マルクス経済学の理論を歴史学に適用したウォーラーステインは、国家と国家を結ぶ媒介であり、経済活動の担い手である企業家や商人の存在を軽視している。すでに述べたように、経済活動における情報の重要性を軽視すべきではない。彼はさらに流通面を軽視している。たしかに、支配＝従属関係はみられた。しかしそれが、国際分業体制によるものかどうか、すなわち、工業国が第一次産品（農作物や原材料など）輸出国を収奪するという構造がどこまで現実的かどうかということが問われるべきである（本書五六〜五九頁参照）。

本書ではそれらを含んだ、新しい近代世界システムを提唱する。しかもこの近代世界システムは、

「大分岐」の議論と大きな関係がある。ウォーラーステインの議論を、グローバルヒストリーに関連づけることも重要なことであろう。それについては、第1章で詳述する。

主権国家を生み出した近世の戦争

ヨーロッパで主権国家が誕生したこと（詳しくは第4章を参照）と、産業革命の発生は決して無関係ではない。それは、イギリスだけではなく、どの国にもあてはまる。産業革命は、ほぼどの国においても、GDPに占める政府の割合が上昇したときに生じるからである。スウェーデンの経済史家ラース・マグヌソンは、それを「国家の見える手」と表現した。マグヌソンの議論は日本ではあまり知られていないので、少し詳しく紹介することにしたい。

マグヌソンの主張の根幹は、どのような国においても、国家が経済に介入しなければ、産業革命が発生することはありえないということである。「国家の見える手」（広い意味での政府の統治）が産業の成長の刺激剤となり、工業用施設の設立をうながし、そして強力な経済要因だと思われるものに役立つインフラストラクチャーを導入し、商業推進のためのコマをそれまでよ

第二次イギリス—オランダ戦争（1667年）

りずっと速く回転させることができる制度を確立したというのである。マグヌソンによれば、それは、各国が戦争遂行のために多額の借金をした結果、国家財政の規模が急速に拡大したことと大きな関係があった。

近世のヨーロッパにおいては、たび重なる戦争のため、戦費がうなぎのぼりに上昇した。この時代は、こんにちと違い、社会保障費などはほとんどなかった。そのためもあり、政府支出に占める軍事費の割合はきわめて大きく、五〇%を超えることさえ珍しくはなかった。このような状態にあったヨーロッパ国家は、近年の歴史学界では、「財政=軍事国家（Fiscal-Military State）」といわれる。

戦争の遂行は交戦国に対する強い敵愾心《てきがい》を生みだし、それはナショナリズムの形成につながった。他方、国境が徐々に明確にされていった。このようにして生み出された国家がいわゆる主権国家であり、主権国家の形成と戦争とは切っても切り離せない関係にある。ヨーロッパの国家構造は、戦争遂行を前提としたものになり、戦争遂行のための財政システムが構築されていった。

「大分岐」論と近代世界システム——商人と国家の役割

しかしこのようないわば歴史の縦糸——国家の役割——だけではなく、歴史の横糸——国家を越えたネットワーク——にも目を向けなければ、産業革命の発生は説明できない。

たとえば現代社会においては、IMFや世界銀行など、国際的な金融機関が、国際的な通貨の流れをある程度管理することができる。これらの機関は基本的に第二次世界大戦後に創設されたものである。では、近世にそのような機関はなかったのか。

もちろん、これらと同じ機関は存在しなかった。しかし、たとえばカトリック信徒、ユグノー（フランスのカルヴァン派）、さらにはイベリア半島から追放されたユダヤ人であるセファルディム（Sephardim）のネットワークが存在した。これらは、こんにちの国際機関と比較するとその全貌がきわめて不鮮明な「見えざる機関」であったが、商品・情報の移動にかんして、間違いなく大きな役割を果たした。彼らのネットワークは、いわば歴史の横糸である。

彼らは、宗教的迫害のためにみずからが住む地を追われ、別の地域に移住することを余儀なくされた。このような現象は「ディアスポラ」（Diaspora）と名づけられ、現在の歴史学界でほぼ定着した用語となっているといってよい。もともとこの用語には、排他的な性格をもつ一神教のためにヨーロッパで宗教的迫害に遭い、やむにやまれず住み慣れた土地を去るという意味合いがあり、それは、たとえばアジアにおける華僑の移住とは、質がまったく異なる現象である。こんにち、生まれ故郷を去ることだけで「ディアスポラ」ということが増えているが、それでは、宗教的迫害とマイノリティのアイデンティティという歴史上重要なテーマを見逃してしまうことになりかねない。

近世になると、ヨーロッパ世界は大きく拡大した。それは、各国の帝国化を意味した。主権国家の形成と、帝国化は同時進行したのであった。

一八世紀のヨーロッパにとっては、アジア貿易よりも大西洋貿易のほうが重要であった。たとえばオランダ経済史家ヤン・ド・フリースによれば、喜望峰回りのルート（ケープルート）よりも、大西洋貿易のほうが圧倒的に取引額の伸びが大きかった。彼はまた「おそらく一六〇〇～一六五〇年（一七世紀の危機）をのぞいて、大西洋貿易は、長期的には、アジアと比較して二倍以上のスピードで増大したのである」という。

大西洋貿易はヨーロッパの諸帝国の貿易であったが、この貿易の拡大は、帝国間貿易の発展ももたらした。それにはたとえば、セファルディムが大きく関与した。大西洋において、帝国の貿易と帝国間貿易の両方が発展したからこそ、ヨーロッパ経済は発展できたのである。主権国家は、ヨーロッパの帝国化（主として大西洋帝国）とともに成立したのである。少なくともいくつかの主権国家は、大西洋経済の形成と大きく連動していた。主権国家の成立という問題は、ヨーロッパ諸国の「帝国化」とリンクさせなければ、不十分な成果しか生み出さないであろう。

＊　＊　＊

本書の取り扱う時代は三百年以上および、考察の対象となる国家や地域も多い。それは、「大分岐」や近代ヨーロッパの形成を取り扱うために、これだけの時代と地域を対象とする必要があるからにほかならない。

本書では、「国家」の形成、商人ネットワークの形成の両方を関連させ、そこにヨーロッパの特徴を見いだし、新たなヨーロッパ像を提示したい。それは、近代ヨーロッパが形成される過程を描き出すことになろう。

第1章　商人と国家が織りなす世界史

――近代世界システムとグローバルヒストリー

商人と国家の織りなす歴史こそ、新しいタイプの近代世界システムである。それが、本書を一貫して流れるモチーフである。しかし本章では、それを論じる以前に、現在のグローバルヒストリーの動向を整理する。その際、やはり重要になるのは、序章でも述べたように、ポメランツの書物が嚆矢《こうし》となった「大分岐」論争である。ここでは、ヨーロッパとアジアは同じような経済成長のパターンをたどっていたのだが、近世のどこかで、ヨーロッパが「マルサスの罠」を乗り越え、持続的経済成長にいたった理由をめぐる四つの説をとりあげる。これらは、近代がヨーロッパの世紀となった理由をめぐる論争だからである。さらに、近代世界システム論とグローバルヒストリーの融合の可能性について、近代世界システム論の弱点を補い、かつ両者の架け橋となる「商品連鎖」という概念をもとにして考える。

近代世界システムを商人と国家の織りなす歴史だと考えるなら、商人のネットワークと国家形成の関係が重要視されるべきである。本章では、その点を強調する。

1　歴史研究の新潮流「グローバルヒストリー」

グローバルヒストリーとは

グローバルヒストリー研究のリーダーであるロンドン大学のパトリック・オブライエンは、「グローバルヒストリーは、ほとんどの歴史家が叙述と分析の対象にしている地理的範囲と時代を広げることで、人間自身、文化、国家の理解を広げ、そして深めるのである」という。しかし、これだけでは、グローバルヒストリーの定義はわからない。とはいえ、分析対象となる地域、時代を大きく拡大しようという動きであることは読み取れよう。

近年、グローバルヒストリーは世界中で目覚ましい勢いで発展しており、この名をつけた歴史学会がいくつもあるばかりか、世界のあちこちの大学で、「グローバルヒストリー」という講座が急速に増えている。「グローバルヒストリー講座教授」ないし「グローバル経済史講座教授」という肩書きをもつ歴史家が誕生している。現在、グローバルヒストリーとは、歴史学研究のなかでもっとも注目されている分野である。

グローバルヒストリーの対象範囲はきわめて広く、とうてい一人の研究者がフォローできる範囲にはない。けれども、ほぼ間違いなく、アングロ・サクソン系の研究者、ないし彼らの研究手法に同調する研究者、さらに計量経済史家の活躍が目立つ。さらにグローバルヒストリー研究においても、産業革命の発生が重要なテーマであることはたしかである。

産業革命とは、どちらかといえば劣勢に立たされていたヨーロッパ経済が、アジア経済に追いつき、追い越す過程だということもできる。それは、産業革命によって、エネルギー源が、生物に由来する有機エネルギーから無機エネルギーへと転換したことによって可能になった。自然環境の豊かさの点でアジアよりも劣勢にあったヨーロッパは、無機エネルギーの使用によってアジア経済よりも優位に立ったということができる。ともあれ、アジアと比較して、ヨーロッパが、いつ、そしてなぜ優位に立ったのかということが、グローバルヒストリー研究の中核の一つを形成していることは間違いない。

グローバルヒストリーに関連して注意しておかなければならないのは、ヨーロッパと日本の歴史教育をめぐる状況である。私の同僚の経済史家がケンブリッジ大学の友人とアケメネス朝ペルシアについて話したところ、そのような国を知っていることに対して相手が驚いたという。彼は、もし、サファヴィー朝ペルシアを知っているといったなら、相手はさらに驚いただろうと付け加えた。むろん、日本では、アケメネス朝ペルシアやサファヴィー朝ペルシアを知らないようでは、高校の世界史の先生はつとまらない。このように、日本とヨーロッパでは、基礎的な世界史の知識に大きな差がある。だからこそヨーロッパには、大学でグローバルヒストリーを研究し、教える必要があるともいえよう。

日本では、世界史で大学を受験するかぎり、少なくとも各地域・各時代について満遍なく知識をもっていることが期待される。私の経験でも、欧米で評判となっているグローバルヒストリーの書物を読んだところ、知っていることばかり書いているのでつまらなく感じた経験が何度かある。一般に、欧米の歴史家に比較して、日本の歴史家のほうが、世界史に対する知識は多い。このような前提条件の違いを無視して、欧米でグローバルヒストリーが流行しているからといって日本でも国境を越えたより大きな地域の研究をすべきだといっても、説得力のある議論にはならない。

ウォーラーステインの近代世界システム

ここでウォーラーステインの議論を取り上げることに、いささか違和感がある読者もいるかもしれない。ウォーラーステインは、一般にグローバルヒストリアンとはみなされていないからである。しかし他方、彼の理論の広がりを考えると、たとえ彼がグローバルヒストリアンではなかったとしても、グローバルな歴史の見方を提唱したことは否定できない。

ウォーラーステインによれば、歴史上、資本主義的なシステムとよべるものは、たった一つしか存在してこなかった。それを彼は、近代世界システムと名づけている。このような「史的システムとしての資本主義」(Historical Capitalism) は、あくなき資本蓄積こそが、重要な経済活動のすべてを支配する目標ないし「法則」となっている。

ウォーラーステインの考えでは、近代世界システムは、一六世紀中葉のヨーロッパに誕生し、その後拡大を続け、一九世紀末には世界を覆うようになった。そして、このシステムはこんにちも世界を覆い尽くしている。

ウォーラーステインは、一般に「従属学派」に属する研究者だとみなされている。「従属学派」の理論によれば、資本主義社会では、「中核」にあたる工業国が、原材料の供給国からなる「周辺」地域を不等価交換によって収奪するという分業体制が成り立っている。つまり、「周辺」は「中核」に対して従属関係にある。ウォーラーステインはその理論をさらに洗練し、「中核」と「周辺」のあいだに「半周辺」という地域を設定した。「半周辺」は一種の緩衝地域であり、「周辺」ほどには収奪されないが、「中核」と比べるなら余剰を吸い上げることはない。

これこそが、唯一の資本主義システムなのである。

二〇世紀前半に誕生した社会主義経済も、ウォーラーステインの立場からみれば、近代世界システムの一翼を担っていたにすぎない。だからこそ二〇世紀末に次々に社会主義諸国が崩壊しても、世界の経済システムはまったく変わらず、彼らは比較的簡単に資本主義陣営の一員になることができたのである。

世界経済の中核となる国家は「ヘゲモニー国家」とよばれる。「ヘゲモニー国家」とは経済面で他を圧倒する国家を意味し、政治的な優位とは必ずしも関係がない。ウォーラーステインは産業を工業、商業、金融の三つに分ける。「ヘゲモニー国家」では、この三つの順番で産業が台頭し、衰退する。より正確にいえば、ある国家が「ヘゲモニー国家」とよばれる状態にあるのは、この三分野で他国よりも優越している状態にある期間である。したがって「ヘゲモニー国家」は非常に短命である。歴史上ヘゲモニー国家とは、一七世紀中葉のオランダ、一九世紀後半から第一次世界大戦直前のイギリス、第二次世界大戦後からベトナム戦争の頃までのアメリカ合衆国の三ヵ国しかない。

さまざまな批判を浴びせられながら、現在もなお近代世界システムがしばしば取り上げられるのは、それが近世から現代までの世界史を分析するにあたり、有効な手段の一つだとみなされているからにほかなるまい。

ウォーラーステインの議論では、一六世紀中葉に近代世界システムが誕生したことが非常に重要である。だからこそ、オランダが最初の「ヘゲモニー国家」となりえた。また、彼の議論に従うなら、アジアに対するヨーロッパの優位は、すでに経済システムの点では中世の終わりないし近世の初期にはじまっていたといえるのである。

ポメランツの「大分岐」論

だが、ウォーラーステインの近代世界システムは、最近の歴史学界ではやや影が薄い。そもそも近代世界システムはヨーロッパではあまり支持者がいなかったが、二一世紀になってグローバルヒストリー研究が急速に広まると、ますます影響力が低下した。

しかし、すでに述べた通り、グローバルヒストリーの定義をすることは、はなはだ困難である。ただ、一国史にとらわれず、広域の地域を扱い、研究する時代も長い点に特徴があるといえるだろう。とりわけ、ヨーロッパだけではなく、アジアも視野に入れた研究をしていることが、最大の特色であろう。

現在のグローバルヒストリー研究において中核となる議論の一つに、すでに述べたようにケネス・ポメランツが主張した「大分岐」論争がある。これについては、秋田茂がきわめて的確にその要点を整理している。やや長くなるが、ここに引用する。

彼〔ポメランツ〕によれば、一七五〇年頃まで、世界の中核地域（core regions）であった中国の揚子江流域、日本（畿内・関東）、西ヨーロッパの経済は、平均寿命・一人当たり綿布消費量・識字率など主要な点で、発展の程度はほぼ同じであった。そこでは、ともに「スミス的成長」（商業的農業とプロト工業〔手工業〕に支えられた市場経済の発展）が見られた。しかし、それら中核地域は、一八世紀半ばまでに人口増加に対する土地の制約（マルサスの罠）に直面して、森林の枯渇や土壌浸食の進行によって食糧・繊維原料・燃料・建築資材など土地集約的な産物が不足する事態に陥った。西ヨーロッパは、この世界経済の中核地域に生じた全般的な危機を、消費地に近接して存在した炭坑地帯からの石炭の利用と、大西洋をはさんだ新大陸との貿易の拡張という幸運な二つの環境上の「偶然的要因」によって克服することができた。一九世紀初めまでに、南北アメリカ大陸は西ヨーロッパが必要とした第一次産品の一大供給源となり、その結果西ヨーロッパでは、人口の急増、国際分業の一層の進展、輸入品の大幅な活用が見られた。石炭と新大陸貿易によって、西ヨーロッパは「資源集約的・労働節約的」な工業化の径路を歩むことが可能になり、これが世界経済の中核地域に共通して見られたスミス的成長のパターンからの、西ヨーロッパの「大いなる逸脱〔引用者注・大分岐のこと〕」であった。他方、東アジアでは、一八世紀後半以降もその周辺地域で人口とプロト工業の成長が見られたが、この周辺地域の成長によって揚子江流域への資源の移送が妨げられた。その結果、東アジア経済の中核地域の経済成長は事実上停止状態に陥り、成長が見られたとしても「労働集約的・資源節約的」経路を通じた経済発展を余儀なくされた（秋田茂「グローバルヒストリーの挑戦と西洋史研究」『パブリック・ヒストリー』第五号、二〇〇八年、四〇頁）。

ポメランツの書物は二〇〇〇年に上梓され、それ以降、「大分岐」（Great Divergence）という用語は、グローバルヒストリアンのみならず、多数の歴史家の共有財産になった。彼の論点はきわめて新しいが、イギリス産業革命によってヨーロッパ経済がアジアよりも優位に立つという主張そのものは、むしろオーソドックスなものといえよう。

石炭と大西洋経済の開発が、アジアとヨーロッパの運命を分けた。やや専門的にいうと、引用文に述べられている通り、ヨーロッパでもアジアでも、産業革命以前の経済成長はスミス的であったが、それ以降の経済成長は、ヨーロッパでは技術革新を特徴とするシュンペーター的なものになったのに対し、アジアではスミス的なままだったということになる。すなわち、アジア世界は、技術革新を前提とせず、人口増大のため経済成長が不可能になるという「マルサスの罠」に陥ってしまったということになる。

周知のように、イギリスの経済学者アダム・スミス（一七二三〜九〇年）は『国富論』のなかで、分業による生産量増大を説いた。スミスのいう分業とは国際分業ではなく、企業内分業にすぎない。しばしば見逃されているが、それをいくら積み重ねても、産業革命にはいたらないのである。スミスは、産業革命の重要さを見逃したといえよう。一方、スミスと同時代人であるジェームズ・ステュアート（一七一三～八〇年）は、「マルサスの罠」を乗り越えるために、機械の使用は不可欠だと信じていたのである。

さらに、オーストリア生まれの経済学者ヨーゼフ・シュンペーター（一八八三～一九五〇年）は、資本主義経済の特徴は絶え間ないイノヴェーションにあると考えた。それは、技術革新を前提とする社会である。そのような社会に移行したのがヨーロッパであり、しなかったのがアジアであったということになる。ここでスウェーデンの経済史の大家ラース・マグヌソンの言葉を引用する。

ヨーロッパがスミス的な道を歩んだなら、一九世紀の中国のようなアジアの国々と同様、マルサスの罠に陥った公算がすこぶる高いことは明白である。新しい鉱物のエネルギーが供給されなかったなら、ヨーロッパは、一九世紀の中国に絶えずつきまとった窮状を乗り越えることはできなかったであろう。土地は疲弊し、労働は過剰に供給され、生産性は縮小し、停滞が生じたはずだ。だが、この解釈に従うなら、一九世紀の転換期になっても、イギリスと中国（あるいはドイツとフランスなど）の発展水準は、あまり違わなかった。ようするに、ランデスがいったように、相違をもたらしたのは、産業革命という「筋力とエンジン」であった（ラース・マグヌソン著／玉木俊明訳『産業革命と政府――国家の見える手』知泉書館、二〇一二年、七頁）。

2　「大分岐」をめぐる四つの議論

施しよさらば――生活水準の向上

アメリカ人研究者グレゴリー・クラークは、一七六〇～一八〇〇年に「大分岐」が生じたと主張する。彼の考えでは、一人あたりの所得、換言すれば食物・衣料・光熱・住居の獲得能力は、一八〇〇年まで増加する傾向にはなかった。それどころか、一八〇〇年の世界人口の大半で、一〇万年前の水準を下回っていたのである。イギリスにおいてさえ、一八〇〇年当時の生活水準は、アフリカのサヴァンナではじまった原始的社会の水準を上回るものではなかった。ところが、産業革命が生じた一八〇〇年以降、先進国の生活水準は大きく上昇し、「施し（alm）」が不要な世界が生まれたのである。産業革命が、大きな転換点であったそれゆえ、『施しよさらば（*A Farewell to Alms*）』（ヘミングウェイの『武器よさらば（*A Farewell to Arms*）』をもじったもの。日本語訳は、『一〇万年の世界経済史』日経BP社）というタイトルがつけられたのである。

一八〇〇年までは、世界人口はあまり増えなかった。それは、一人の女性から生まれる子供のうち、成人する子の数は二人を少し上回る程度だったからである。したがって、人口が大きく増加することはなかった。

しかも、クラークによれば、ヨーロッパよりアジアのほうが、はるかに生活水準が低かったのである。工業化以前の世界の生活水準は、物理的な最低生存水準を大きく上回る水準を維持していた。

それは、出生率を生物学的に可能な水準よりもずっと低く抑える慣習や社会的道徳があったからである。幼児死亡率が高く、出生率は低かった。だが一八〇〇年以降になると、工業国では子供の死亡率が下がったために、人口を維持するために、出生数を増やす必要はなくなった。

安定した定住農耕社会の歴史がイギリスよりも長かった中国と日本では、一六〇〇〜一八〇〇年にかけて、ヨーロッパ北西部に似た経済成長の道程を歩んでいた。しかしイギリスでは産業革命が発生し、中国や日本で生じなかった。その理由は、第一に、一三〇〇〜一七五〇年にはイギリスよりも人口増加のスピードが速く、「マルサスの罠」に陥ったからだ。第二に、中国や日本の人口システムのもとでは、富裕層の生殖面での優位性は、イギリスほど大きくはなかったからである。イギリスの優位性は、文化的、そしておそらくは遺伝的にも、経済的成功者の価値観が社会全体に広まったことにある。産業革命は、より貧しい人々が死に絶え、あまり暴力的ではなく、識字率が高く、イギリスで人口の性質が変化したために生じたのである。クラークの考えでは、十万年続いたマルサス的な経済システムは、一七六〇〜一八〇〇年のあいだに急速に近代的経済へと移行した。

18世紀のロンドンを風刺した「ジン横丁」
(W. ホガース、18世紀)

産業革命によって、資本家ではなく単純労働者の賃金が増えていった。そのため、イギリス社会の不平等が減少したが、国家間の不平等は増大していく。物質的生活水準の格差は、最大でも四対一であったと考えられるが、こんにちでは五〇対一にまで拡大した。

ようするにクラークは、産業革命が発生したのは、ヨーロッパの諸制度が経済成長に適合的になったからではなく、経済制度により徐々に文化が変貌し、ハードワークに耐え、合理性をもち、教育を受けた労働者が出現したからだと論ずるのである。

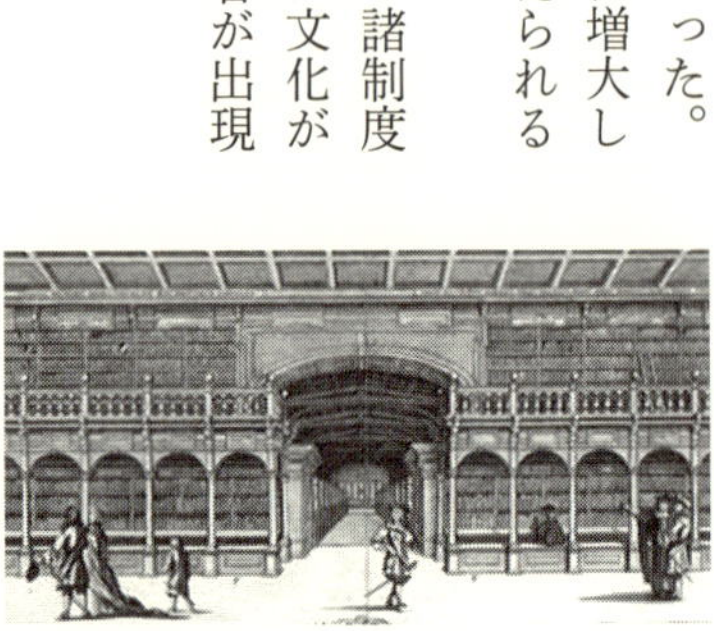
オクスフォードの図書館（1675年）

「有用な知識」と経済成長

アメリカ人の経済史家モキアによれば、名誉革命（一六八八〜八九年）から万国博覧会（一八五一）のあいだに、産業革命によってイギリス経済は大きく転換した。産業革命を支えたのは物質的な要因ではなく、知的な力であった。モキアは啓蒙主義を重視する。進歩と科学的進展に対する強い信頼が、思想家、発明家、企業家、職人に経済合理的な行動をとるように訴えかけたのである。

モキアは、「有用な知識」（useful knowledge）という概念を提唱する。「有用な知識」とは、自然に対してわれわれが行使する知識を意味する。「有用な知識」は、自然がどのように作用するかということに焦点をあてる「命題的知識」と、技術の使用方法に焦点をおく「規範的な知識」とに分かれる。モキアの考えでは、この二つのタイプの「有用な知識」の相互作用が経済成長の鍵である。

一七世紀の科学革命が産業革命に役立つためには、科学革命の成果を現実の社会に伝達し活かすことができるようなネットワークが必要であった。ヨーロッパ経済の成長は、新しい技術的思考だけではなく、社会全体が大学、出版社、専門家の団体などの力でそれを有効に活用できるようになったからこそ実現できたのである。「有用な知識」は、いわばこれらの機関が媒介となり、社会全体に行きわたったのである。

このようなモキアの提起にもとづき、オランダ経済史家のファン・ザンデンが、さらに研究を深めた。彼は、近代的経済成長は、究極的には知識の蓄積であるという見方をとる。

パリの書店（A. ボッセ、1640年）

ファン・ザンデンは、「有用な知識」を表す尺度として、書物の出版数を対象にする。ヨーロッパにおいては、むろん中世から書物という形態は存在していたが、グーテンベルク革命以降、書物の数が急増した。政治的騒乱も、書物数の増加に大きく貢献した。たとえば一六四〇年代のイギリスの内乱（ピューリタン革命）後、さらにはフランス革命後、書物の出版点数は大きく増えた。書物の出版点数が増大することで、情報の入手がより安価になった。それはモキアが主張しているのとは異なり、西欧においては、一八世紀の産業啓蒙主義時代にとどまらず、一四五〇年代以来の特徴であった。

一五二二年から一六四四年にかけて、西欧の書物生産量は約三五七〇タイトルであり、それは同時代の中国にかんするもっとも高い推計値よりおよそ四〇倍も多かった。清では、一六四四年から一九一一年にかけては、一二万六〇〇〇部の新版が出版された。年平均の新版点数は四七四である。これに対して一六四四年のヨーロッパの新版は六千タイトルであり、差は歴然としている。アジアの大国・清の出版点数は、オランダのような小国と比較してさえ、一七世紀と一八世紀においては、はるかに少なかったのである。日本の場合、出版点数は、一七二〇年代から一八一五年にかけては年平均で約三〇〇点であった。

ヨーロッパの出版点数は、清や日本のようなアジアの諸国と比較して、はるかに多かった。しかも、印刷術の改良により、書物の価格は安価になった。ようするに、西欧はアジアよりも大きく進んだ知識社会、ないし「有用な知識」が普及した社会であった。

しかも低地地方（ネーデルラント。こんにちのベネルクス三国地域）では、識字率が上昇したために、一三四八年のおよそ一世紀半後に上層の人々と一般の人々のあいだの知識の差が縮まり、イギリスは一六～一七世紀にそういう社会になった。一七世紀の終わり頃には、イギリス、ドイツ、フランスの熟練労働者は、ほとんどが文字の読み書きができるようになったという。

ヨーロッパが豊かになり、アジアがそうならなかったのはなぜか

二〇一一年になり、アメリカのインド史家パルタサラティが、『ヨーロッパが豊かになり、アジアがそうならなかったのはなぜか？』というタイトルの書物を出し、より複雑な構成をもつ「大分岐」論を展開するようになった。

パルタサラティによれば、一七～一八世紀において、ヨーロッパとインドは同じような経済成長をしていた。また、ヨーロッパの優位は、市場、合理性、科学、制度などにはなかった。また、しばしばいわれることとは反対に、インドのカースト制度は一八〇〇年までは決して強くはなく、この制度が経済成長のさまたげになったとは考えられない。技術面での変化こそ、インドとヨーロッパを分けたのである。

このため、彼は、主としてインドとイギリスを比較する。

イギリスは、二つの強い圧力を受けていた。一つは、インドとの綿織物の競争である。綿織物は、アメリカから日本にいたる世界各地で消費され、貿易面でもっとも重要な商品であった。インドとの競争に勝つために、イギリスはインドの綿を真似、さらには紡績機を発明した。このように、インドとの綿織物市場をめぐる競争に勝利したことが、とくに一八二〇年以降の「大分岐」の大きな要因となった。イギリスは、大西洋岸のいくつかの地域でも、綿を販売した。

もう一つの要因は、石炭の開発である。イギリスでは周知のように森林資源の枯渇（Deforestation）が生じていた。燃料としての森林資源の枯渇は代替資源の利用開発をうながし、石炭を利用した産業が発展した。石炭の使用によって鉄が熔解され、蒸気機関を発展させ、鉄道や蒸気船などの新しい輸送手段が生み出されたのである。

またイギリスでは、航海法などさまざまな法規制により諸外国との競争から自国の海運業を保護し、それは大西洋貿易における優位、さらには経済の成長と拡大につながった。また一八世紀のイギリスは、鉄の輸入に高い関税をかけ、国内の鉄製造業者を、スウェーデンやロシアから輸入される鉄から保護した。このような方法を用いて政府が経済成長をうながしたことが、イギリスの経済成長を可能にしたというのである。

3　グローバルヒストリーと近代世界システム

四つの議論をめぐって

ここに述べたのは、グローバルヒストリーの代表的な事例だと私が考える議論である。これら以外にも、いくつもの議論が出されていることと思われる。

これらの議論は本質的に近世社会を扱ったものである。現在の国際的な研究潮流として、ヨーロッパは有史以来こんにちにいたるまで、ずっとアジアより経済水準が高かったというわけではないという説は、グレゴリー・クラーク、場合によってはファン・ザンデンもおそらく反対するであろうが、基本的に認められていることと思われる。

しかも、ここで紹介した議論は、どれかが正しいというのではなく、それぞれに特徴がある主張をしているものの、どれも決め手に欠くという問題点がある。

ポメランツの論にかんしては、たしかにイギリスには大量の石炭があったが、イギリスの石炭を使ったのはイギリス人だけではない。同国の石炭は、オランダにもデンマークにも、さらにはドイツのハンブルクにも輸出されていた。グローバルヒストリーは国境を越えると言いつつも、ポメランツの論は「イギリスの産業革命は、イギリスに石炭があったから可能になった」という意味での

表1-1　大分岐の理由と時期

研究者（国籍、発表年）	大分岐の理由と時期
ポメランツ（米、2000年）	「大分岐」論の提唱者。石炭の入手と大西洋経済の開発が「資源集約的・労働節約的」な工業化を可能にした。／時期：1750年頃
クラーク（米、2007年）	経済制度により徐々に文化が変貌し、重労働に耐え、合理性をもった労働者の出現が産業革命を発生させた。／時期：1760 ～ 1800年
モキア（米、2004 年） ファン・ザンデン（蘭、2004年）	大学・出版社・専門者団体などの知的環境が整っており、社会全体に「有用な知識」が普及したため、経済成長が可能となった。／時期：1688 ～ 1851年
パルタサラティ（米、2011年）	紡績機の発明等による綿販売での競争の勝利、石炭を利用した産業の発展、自国の海運業や産業の保護政策により経済成長が実現した。／時期：1600 ～ 1850年

一国史観にすぎない。

しかも、大西洋貿易に参加していた国として、フランス、スペイン、ポルトガルの勢力はあなどりがたいものがあった。イベリア半島の二国は南大西洋貿易で活躍した。北大西洋貿易の研究にのみ目がいきがちであるというアングロ・サクソンの伝統を、ポメランツはそのまま受け継いでいると考えられよう。また、英語で書かれた文献に頼りがちな英米系の研究者の大きな問題点——それはまた、グローバルヒストリアンの多くの問題点でもある——を、彼の研究から感じざるをえない。

クラークの議論にかんしては、とくに産業革命発生をめぐる主張については、あまりに乱暴であり、おそらく日本では、受け入れられないであろう。たとえばヨーロッパのほうがアジアよりも生活水準が高かったという主張は、現在の研究動向を反映しているとはいえない。

「有用な知識」については、経済成長との関係が明確ではない。「有用な知識」が普及して産業革命にいたったとしても、その関係は相関関係にすぎず、因果関係を表すものではない。また、ファン・ザンデンのように書物の出版点数によってヨーロッパのほうが有用な知識が普及していたというのは、あまりに単純すぎる。別の指標を用いるなら、違う結論が導きだされたかもしれないのである。

もっとも説得力があるのは、パルタサラティの議論であろう——ただし、読者に与えるインパクトの点では、ポメランツに劣る。綿に注目する点は、イギリス産業革命が綿業からはじまったという事実に対する注目度が低下しているだけに、興味深い。パルタサラティはヨーロッパだけではなくオスマン帝国も視野に入れているが、イギリスとインドの比較に重点がおかれている。だが、そもそも小さな島国であるイギリスと、インドのような亜大陸を比較すること自体、問題があろう。せっかく大西洋貿易に言及しておきながら、この地域での綿の販売にのみ目が向き、アメリカ南部の綿花がイギリスに輸入されたことに言及していないのは、奇妙なことである。彼も石炭がイギリスに豊富にあったということを重視しているが、その石炭を使えるのはイギリスにかぎらなかったという事実を軽視する。

また、一八世紀イギリスでは、経済成長にはスウェーデン産の鉄が、産業革命にはさらにロシア産の鉄が不可欠であった。イギリスは、国外から船舶用資材用と機械のための鉄を輸入しえたからこそ対外的拡張ができたのである。このような事実は、パルタサラティの論からはたして説明できるのであろうか。

グローバルヒストリーと近代世界システムの相違

近代世界システムとは異なり、グローバルヒストリーは基本的には支配＝従属関係を論じない。その理由の一端に、グローバルヒストリアンの人選がある。

グローバルヒストリー研究は、パトリック・オブライエンが二〇〇三～〇六年に組織化したGEHN（Global Economic History Network）によって、大きく促進された。これは、ロンドン大学、カリフォルニア大学アーバイン校、ライデン大学、大阪大学を拠点とし、世界各地の研究者が一〇ヵ所で研究会をおこなった世界的プロジェクトであり、主要なメンバーだけで四〇名ほどになる。世界的な人脈をもつオブライエンでなければ、これほどの研究者集団を組織化することは不可能であったろう。

日本とは異なり、ヨーロッパではウォーラーステインの近代世界システムはあまり人気のある研究ではなく、しかもオブライエンは、反ウォーラーステインの論者として広く知られる。一九八二年に『経済史評論』（*Economic History Review*）に掲載された有名な論文「ヨーロッパの経済発展――周辺の寄与」において、近世・近代のヨーロッパ経済の発展に対する植民地の寄与率はせいぜい一五％であり、ヨーロッパの経済発展に植民地が大きく寄与したとはいえず――一五％なら十分に大きいと私は思うが――、ウォーラーステインの議論は誤りであるとした。オブライエンのウォーラーステイン批判の正否は別として、このような人物が率いる研究グループが、支配＝従属関係を認めるとは思われない。

オブライエンの議論は、ヨーロッパ経済に対する植民地の寄与という視点で貫かれている。しかし、植民地の側からみれば、ヨーロッパから収奪されたという見方もできるはずである。すなわち、ヨーロッパの工業化はアジアやアフリカにとってどれほどの負の作用をもたらしたのかという研究こそ、オブライエンの研究の批判ないし補完として重要なはずなのである。

しばしばウォーラーステインはアジアのことを知らないという批判がなされ、それはそのとおりだと思われる。そもそもウォーラーステインは現代アフリカの専門家であり、この点における批判は受け入れなければならないであろう。しかしまた、ヨーロッパ経済によるアジア経済の収奪という観点があるのだから、グローバルヒストリーの代表的人物であるオブライエンほどにはヨーロッパ中心史観ではないとはいえよう。

私がグローバルヒストリアンに基本的に同意できないのは、例外はあるにせよ、彼らの多くが産業革命ないし工業化によって、アフリカやアジアが収奪されたとは考えていないからある。グローバルヒストリアンは、以前のように、アジアがヨーロッパと比較して絶えず遅れた社会であったという偏見からは逃れることができた。しかし、アジアの経済成長がこれだけ取りざたされる世の中になっても、アジアの少なくとも一部とアフリカになお残る格差問題を説明するには、支配＝従属関係を含めた議論を展開すべきであろう。ウォーラーステインの論は、この一点においては、グローバルヒストリアンのなかで支配＝従属関係を認めない人々の主張よりも、私にとっては説得力がある。だからこそ、本書のサブタイトルに「近代世界システム」という語句を挿入しているのである。

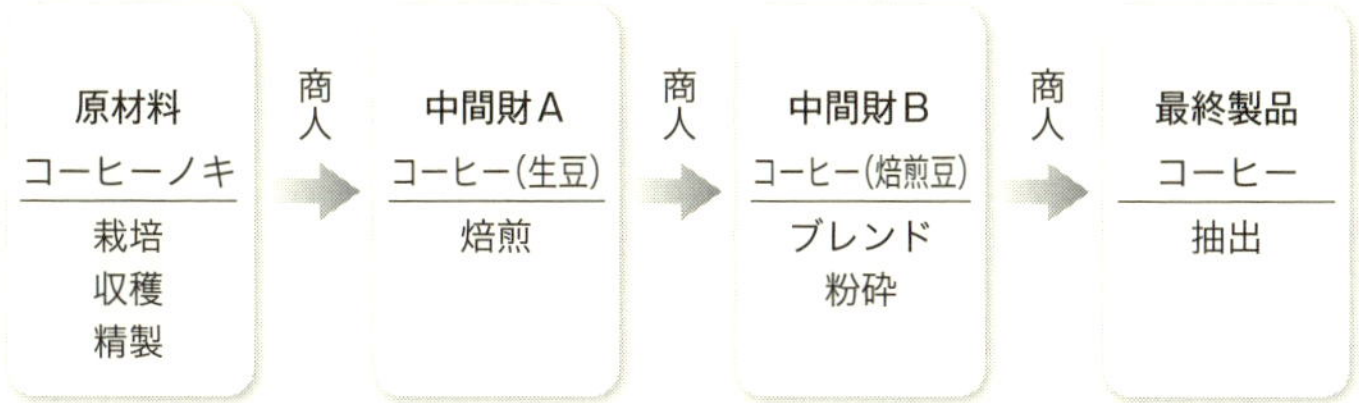

図1-1　商品連鎖のモデル

商品連鎖と近代世界システム

グローバルヒストリーと近代世界システムとの接合は不可能なのだろうか。

グローバルヒストリーの重要な論点の一つに、アメリカ人研究者スティーヴン・トピックが主張した「商品連鎖」(commodity chains)がある。私の考えでは、これは産業資本主義に立つウォーラーステインの議論の弱点を補う視点を提供する。また、近代世界システムとグローバルヒストリーの架け橋となる議論である。近代世界システム論とグローバルヒストリーの対話は、トピックの論を用いることによって可能になる。

商品は、多くの人の手をへて、原材料から中間財となり、やがて最終製品となる。その全体を支配している人間は誰もいない。トピックは、このような商品の流れを「商品連鎖」とよぶ(図1－1参照)。彼は、「商品連鎖」は、市場創出のような歴史の転換を理解するために有効であると主張する。トピックは南米の専門家であるため、コーヒーを研究対象としている。コーヒーは、重要な世界商品であるので、文字通り、世界全体の商品流通、商品生産のネットワークが研究できるのである。この商品連鎖に参加する人々や制度、さらに技術は多数あり、地理的分布や統治機構とも大きく関係することになる。

欧米人は、貿易史研究においても、一つの商品に焦点をあてることが多い。したがっておそらく、さまざまな国際商品の商品連鎖分析により、その商品にかかわる多様な側面が世界的規模で明らかになるであろう。

またトピックは気づいていないが、彼のアプローチには、近代世界システムとの親和性がある。ウォーラーステインは、中核国が工業国であり、それに対して周辺国が原材料を供給するという国際分業体制からなるとする。このような国際分業体制には当然、商品連鎖がともなうからである。

支配＝従属関係と国際分業体制は同じか

一般に国際分業体制の重要性を説く研究者は、商品が、どのように流通したのかを軽視しがちである。理論経済学では、このような問題は捨象され、第一次産品輸出国から工業国へと第一次産品（農作物や原材料など）が、工業国から第一次産品輸出国へと工業製品が輸出されたとされる。しかし、それには長い道程があるにもかかわらず、輸送は誰が担ったのかなど、まったく意識されない。あるいは輸送経路の変化により、輸送コストが上下し、結果的に商品価格が変動するという事実を重要視しない。そのため、工業国が第一次産品輸出国を収奪するという単純な図式を描きがちである。

しかし、かりに第一次産品の輸送のすべてを第一次産品輸出国が担ったとしたら、いったいどうなるだろうか。おそらくこの場合、支配＝従属の関係は成立しない。工業国は、製品を製造するだけの地域となるからである。製品輸送のための費用を支払うのは工業国となり、むしろ、収奪されるのは工業国になる。第一次産品輸出国は、工業製品を購入するだけの余剰をもち、工業国は第一次産品輸出国にしか工業製品を輸出できない従属国家になるからだ。

現実には、輸送は工業国が担っていた。したがって右に述べたような問題は生じない。ここでいう工業国とはいうまでもなくヨーロッパであり、第一次産品輸出国とはアフリカやラテンアメリカ、さらにアジアである。ヨーロッパはこれらの地域に、ヨーロッパの船を用いて進出していった。他の二地域とは違い、アジアにおいては、もともとアジア在住の商人のルートを使っていたが、少なくともその一部をだんだんとヨーロッパのルートに変えていった。ヨーロッパはそのルートを使ったからこそ第一次産品輸出国を収奪できたのである。ヨーロッパはまず流通ルートを確保し、その後、工業製品を輸出したという事実を忘れてはならない。歴史家は、まず史実から出発すべきである。ウォーラーステインは「システム」という用語を使っていながら、実は流通ルートが近代世界システムの重要な部分を構成したということを見逃している。これは、ウォーラーステインのみならず、その支持者の問題点でもある。工業と第一次産品の供給ということに支配＝従属関係を収斂させることは不可能なのだ。

工業国が第一次産品輸出国を収奪できたのは、その流通ルートの多くの部分を押さえてきたということも、大きな要因となったはずである。それを無視して、支配＝従属関係を語ることは無理であろう。しかし、これまでは、そのような無理な理論がまかり通ってきたのである。この点においては、従属理論の支持者であれ、批判者であれ、同じ誤りを犯してきたといえるのではないか。

「商品連鎖」という概念を用いることで、なぜ工業国あるいは第一次産品輸出国のどちらが収奪されるのかが、より理解しやすくなる。この連鎖のより多くを担う地域が、収奪する側にまわる。もし商品連鎖がとてつもなく長いものとなれば、支配＝従属の関係は成立しない。

商品連鎖と従属関係

商品連鎖という概念を用いることで、アジアより中南米やアフリカのほうがヨーロッパへの従属度が高かった理由を示すことができる。

アジアは、近世以前に独自の商業ネットワークがあったので、商品連鎖において、ヨーロッパ人の介入度は比較的低かった。換言すれば、商品連鎖において、アジア商人が果たす役割は比較的大きかったのである。このことが、アジア経済史家がいう「アジアの相対的自立性」を確保したのである。

それに対し大西洋経済は、ヨーロッパ人が形成したものであった。アフリカ大陸でアフリカ人を奴隷商人に差し出したのは同じアフリカ人であったが、彼らを新世界に運び、そこで砂糖やタバコ、綿の生産を管理したのはヨーロッパ人であった。商品連鎖のほとんどを担っていたのはヨーロッパ商人だったのである。

支配＝従属関係という観点からみるなら、近世においては、輸送手段を握っている地域が、それを握られている地域を従属させるということができよう。それに対して、東欧のグーツヘルシャフト（農奴を用いた大農場経営）は、西欧の先進地域に穀物を輸出することで国際分業体制におかれ、第一次産品を輸出する従属地域になったというのが、ウォーラーステインの主張である。日本においてもしばしば同じ主張が繰り返される。

しかしこれは、もはや古くなった生産史観をそのまま適用した理論にすぎない。グーツヘルシャフト地域から輸出される穀物の七五％以上が、オランダ船によって輸出されていた。逆にいえば、オランダ船を使わざるをえないからこそ、オランダに従属したのである。商業資本主義時代の支配＝従属関係は、そのように考えるべきであろう。

それに対し、産業資本主義時代、すなわち近代の支配＝従属関係は、第一次産品を輸出する地域が、工業地域に従属するようになったことは否定できまい。しかし、その場合においても、輸送を担う国や地域の重要性を軽視すべきではない。「世界の工場」がイギリスであり、そのイギリスが世界中の商品を輸出し、ロンドンの金融街であるシティに拠点をおくロイズで海上保険がかけられていたのだから、現実には、工業国と第一次産品輸出国の支配＝従属関係が近世とどう違っていたのかは、正確にはわからない。イギリス産業革命によって、工業国と第一次産品輸出国のあいだに支配＝従属関係がようやく生まれたことも事実である。だが、近代社会をモデルとした支配＝従属関係の理論を、近世に当てはめるべきではない。

さらに、商業情報の中心地が、他地域を従属させることもあったという点を指摘しておきたい。後進国は、その情報網を利用しなければ商業活動ができないからである。本書で扱う範囲を逸脱するので詳述できないが、イギリスは、経済史家ヘッドリックが「見えざる兵器」と名づけた電信を使って、世界金融の中心となった。一九世紀末になると、イギリスが敷設した電信なしでは、国際貿易取引がほぼ不可能になっていった。このような側面からの支配＝従属関係のアプローチも考えられよう。

すなわち世界経済が発展するほど、ロンドンで国際貿易の決済をせざるをえず、それによってロンドン、ひいてはイギリスの経済力が強まるという構図があったのである。支配＝従属関係の説明として、国際分業体制の形成により工業国に収奪される第一次産品輸出国という姿を提示することは、もはや時代遅れである。さらに国際分業体制を論ずる際に、「誰が輸送を担うのか」ということを無視した議論も乱暴であり、実体経済を反映したものとはいえない。支配＝従属関係には、さまざまな要因が考えられるのである。

4　近代世界システムとヨーロッパ

近代世界システムと主権国家

「大分岐」にかんする代表的な議論を紹介したが、いずれの理論もさほど説得的ではないことが示されたと思われる。また、グローバルヒストリーの議論には、支配＝従属関係がみられない。だがトピックの「商品連鎖」の理論を使えば、アフリカなどと比べたアジアの相対的自立を説明できることもみた。

またグローバルヒストリーの議論では、主権国家の誕生がうまく説明できない。この点では、近代世界システムのほうがすぐれている。ここではウォーラーステインの近代世界システムにもとづき、近世のヨーロッパ史について、少し詳しく論じる。

現在の高校世界史の教科書では、近世のヨーロッパにおいて「主権国家」が誕生したとされる。主権国家とは、文字通り、国家そのものが「主権を有する」点に大きな特徴がある。一六四八年のヴェストファーレン（ウェストファリア）条約で神聖ローマ帝国は事実上機能しなくなり、ヨーロッパから「世界帝国」が消え失せ、そして主権国家が誕生した。ある一定の広大な地域を覆う帝国が消滅したことは、有史以来、ほぼはじめての出来事であった。

さらに近代になると、一つの国民が一つの国家を形成するという「国民国家」が生まれる。しかしそれも、国家が主権を有するという意味では「主権国家」であることに変わりはない。

近代世界システムという単位は、近世においてはヨーロッパの多くの地域経済を包摂した巨大な経済的単位であった。近代世界システムが機能したからこそ、主権国家は成立しえた。経済的にみるなら、主権国家は近代世界システムのサブシステムとして機能した。主権国家と、近代世界システムは併存したのである。より正確な表現を用いるなら、近代世界システムが機能したからこそ、主権国家が成立できたのである。

近代世界システム論の考え方に従うなら、ヨーロッパから世界帝国が消滅し、世界経済が誕生したために各国は政治的・経済的な競争を余儀なくされ、その過程で生まれたのが、主権国家であった。

世界帝国とは、中央が政治的な支配をし、武力を独占することになるので、基本的には内部で競争がおこらない。それに対してヨーロッパでは、主権国家が並び立ち、競争することになった。重商主義時代がそれにあたる。その経済力を用いて、最終的には軍事的な競争をする。そのためヨーロッパにおいては、武器をはじめとする戦争技術がどんどん発展していった。武器をもったヨーロッパ人は、やがてアジアに進出する。

このように、近代世界システム論は実に巧みに主権国家の誕生を説明する。しかしまたここから想起されるように、近代世界システム論とはあくまで「国家」史の枠組みの上に構築された理論であることは看過できない。

ウォーラーステインのように、近代世界を一つの分業体制ととらえてしまうだけでは、分業体制を成立させていたネットワークがみえなくなってしまう点に大きな限界がある。

戦争と主権国家

ヨーロッパ世界経済のなかで、さまざまな国が経済的・政治的に競争したことは、疑うべくもない。しかしそれを可能にしたネットワークに目を向けないとすれば、主権国家を成立させたメカニズムを分析したことにはならない。残念ながら、これまで、そのような試みがなされたとは思われない。

ウォーラーステインの主張どおり、近世ヨーロッパには世界帝国はなかった。カール五世とその子フェリペ二世、あるいはナポレオン一世がその構築をこころみたかもしれないが、失敗に帰した。逆に複数の主権国家が経済競争することで、経済が大きく成長した。この「経済競争」とは重商主義戦争、さらには植民地獲得戦争も意味した。近世のヨーロッパ史において、戦争と経済成長は両立した。

実はこれこそ、ウォーラーステインの論敵であるオブライエンの主張である。なぜ、戦争と経済成長が両立したのだろうか、と。そもそもそれが両立しなかったなら、ヨーロッパがアジアよりも経済成長を遂げること自体、不可能だったはずである。

もとより、この時代の戦争にこんにちの戦争の概念をあてはめてはならない。規模ははるかに小さく、使用される武器の殺傷能力は、現在と比較すると非常に小さかったからである。

しかし、経済的負担は大きかった。近世ヨーロッパの多くの政府は、巨額の借金をしながら戦争を遂行したため、ほぼすべてが借金財政に苦しんだ。しかもその財政負担は、世界帝国を維持するための費用よりも少なかったという証拠は、実はどこにもないのである。それどころか、世界帝国が維持すべき負担を、主権国家に転嫁したにすぎないのかもしれない。ウォーラーステインは、世界帝国と主権国家の財政負担を比較検討しているわけではない。むしろ近代世界システムにより、戦争を遂行するために効率の良い財政制度が構築されたと考えるべきではないか。

5　国際的な商人ネットワークと主権国家

主権国家と商人ネットワークの関係

主権国家とは、戦争を遂行していくなかで誕生した国家を指すのであり、国家財政の研究なくして、主権国家の研究はありえない。日本でも「財政＝軍事国家」という言葉が人口に膾炙《かいしゃ》するようになったにもかかわらず、現実には財政学の基礎知識を用いたアプローチさえあまり進展せず、近代ヨーロッパの国家形成にかんする重要なテーマが取り上げられていないのは、大きな欠落というべきであろう。

ただ、あとでみるように（本書一三七頁参照）これには欧米にも似た傾向がある。戦争遂行のために巨額の戦費が必要であったということだけで「財政＝軍事国家」という言葉を使うことが多く、戦費調達のために巨額の借金をしたにもかかわらず、イギリスはなぜ経済成長が可能だったのかというオブライエンの問題提起は、活かされているとはいえないからである。

税金という面からみるなら、国家の領域とは、政府によって税金がかけられる範囲を意味する。中世から近世になるにつれ、それが明確になる。一つの領地の支配者は一人ないし一つの機関になる。たしかにこんにちでは、たとえば近世のイギリスないしブリテンは、イングランド、スコットランド、アイルランド（場合によってはウェールズも含めて）からなる「複合国家」であったという見方が出現している。このような複合国家は、近世ヨーロッパのいたるところにみられた。だが、中央政府が税金をかけられる範囲こそ、国家の範囲となっていった事実を見逃すべきではない。

この点から考えると、近世ヨーロッパの国家こそ、こんにちの国家のモデルとなったのである。しかしその一方で、資本の移動はより国際化した。その移動の担い手となったのは、国際貿易に従事する商人であった。

国境が明確になっていくのとは逆に、商人のネットワークは国際化した。この重要性は、いくら強調してもしすぎることはあるまい。商人のネットワークがそもそも国際的であったというだけではなく、戦争で必要な費用は、自国内にとどまらず、商人のネットワークを通じて、他国からも借りる必要があったからである。

国家間での経済競争とは、コスモポリタンな商人ネットワークを利用し、有利な条件で戦争に必要な資金を調達するということでもあった。主権国家が機能するには他国からの借金が必要であり、そのためには、商人ネットワークの形成が不可欠だったのである。また、そうしなければ植民地獲得のための資金は捻出できなかった。国家が人間の臓器であるとすれば、商人ネットワークは血液であった。血液の循環があってこそ、臓器は機能するということを忘れてはならない。

ウォーラーステインの近代世界システムに欠けているのは、このような視点である。彼の理論には、国家や地域を結ぶ媒介がない。また、国家や地域間の関係に、商人の広域ネットワークが入り込む余地がない。ヨーロッパで近代世界システムが機能したとすれば、国際貿易商人のネットワークの存在を軽視することは不可能である。近代世界システムとは、コスモポリタンな商人の活動を前提条件としていた。したがって本書では、近代世界システムにこの視点を導入する。

商人ネットワークの拡大とヨーロッパ経済の成長

ところで中世後期において長距離貿易に従事する商人は、「国」ではなく特定の「都市」を拠点としていた。彼らを形容するとすれば、たとえばロンドン商人ではありえても、イギリス商人ではありえない。ヴェネツィア商人は、イタリア商人と同じではない。

このような商人が宗教的迫害や戦争により、移住を余儀なくされた現象は、すでに言及したように「ディアスポラ」とよばれる。この用語は、現在では日本の歴史学界に根づいたといって差し支えあるまい。国家史の観点からは、彼らは住むべき土地を奪われ、異邦への移住を余儀なくされ、虐げられた人々である。しかしそのようないわばネガティヴな見方は、同一宗派のネットワークを強調する研究により完全に変わった。彼らは「ディアスポラ」により商業ネットワークを拡大し、国際貿易に従事した商人であり、ヨーロッパの商業空間拡大の担い手であったと考えられるようになった。

しかしながら、同一宗派のネットワークが発達してヨーロッパのさまざまな地域におよび、彼らが広域の取引をおこなったとしても、同一宗派間でのみ商業活動をするとするなら、逆説的に思われるかもしれないが、ヨーロッパ経済は成長しない。彼らの商業行為は、取引先が大きくかぎられているうえ、より大きな利益が期待される別の宗派との取引をおこなわないため、ヨーロッパ全体の取引量が減少するからである。

このように、ヨーロッパ全体の経済成長に注目せず、一次史料を丹念に分析し商人ネットワークの拡大に注目するだけでは、研究に大きな限界があることをここで指摘しておきたい。歴史現象のある部分を興味深く説明できる研究が、歴史全体の流れを整合的に説明できるとはかぎらない。これこそ、現在の実証史学がかかえる大きな問題点であろう。史料を丹念に読むと、史料に書いている以外の事実に目を向けなくなる傾向がある。史料で説明するのではなく、史料を説明することになりかねない。

現実には、商人は宗派を越えた取引に従事した。たとえ宗派は異なっていても、評判の良い商人と取引したいと思う人々はいた。それは異文化間交易（Cross Cultural Trade）とよばれ、現在のヨーロッパにおける商業史研究の焦点ともいえる。ヨーロッパ経済が全体として成長したのは、商人が各地に移住し、彼らがさまざまな土地に住む同一宗派の人々と取引したばかりか、他宗派に属する商人とも取引をしたことによる。それにより、商業情報が多くの地域にもたらされた。だからこそ、ヨーロッパ全体で取引量が拡大したのであり、経済成長につながったのである。

ウォーラーステインが産業資本主義の理論をもとに近代世界システムの理論を構築しようとしたのに対し、本書では、商人のネットワークと国家の経済への介入の重要性が強調される。この二つをキーワードとして、「大分岐」の理由が説明される。

「大分岐」は、数世紀におよぶ過程であった。その間に、他地域に対するヨーロッパの優位が確立された。それを、本書では近代世界システム論を用いて分析する。商人ネットワークの拡大こそ、近代世界システムの主要な特徴としてとらえる。そして近代世界システムの誕生にとってもっとも重要な都市は、一六世紀のアントウェルペンであった。

第2章　商人ネットワークの拡大
——アントウェルペンからロンドンまで

本章では、近代世界システムの開始を、ベルギー史家ブリュレのいう「アントウェルペン商人のディアスポラ」、すなわちアントウェルペン商人のネットワーク拡大に求める。その拡大過程こそが、近代世界システムの拡大過程だと考えるからである。アムステルダムの台頭も、ロンドンの成長も、「アントウェルペン商人のディアスポラ」なしではありえなかった。

一般に、カトリック国スペインがプロテスタントのネーデルラントを弾圧したことで、ネーデルラントの独立運動がはじまったとされる（この頃、ネーデルラントはスペイン・ハプスブルク家の支配下にあった）。現実には経済的利害の対立が主要因であったともいわれるが、宗教的対立を無視することはできない。ここに、「アントウェルペン商人のディアスポラ」という用語を使用する正当な理由がある。ブリュレはこの語を一六世紀末の現象に使ったが、本書では対象時代を広くとる。

アントウェルペン商人は、アムステルダム、ロンドン、ハンブルクなどの都市に移住した。そのことにより、アントウェルペン商人の商業技術がこれらの都市に定着し、一つの等質な商業空間ができあがったことは、世界史上きわめて重要であった。

すでに、商人と国家が織りなす歴史が近代世界システムであるという私の立場については何度かふれた。この二つの関係についてより正確にいうなら、広大な商人ネットワークがあり、だからこそ主権国家の形成が可能であった。

そのような近代世界の形成は、「アントウェルペン商人のディアスポラ」からはじまったのである。

1 アントウェルペンの役割

ヨーロッパ最大の貿易・金融都市アントウェルペン

中世のイングランドは羊毛の輸出国として知られていたが、一六世紀初頭から中葉にかけ、未完成の毛織物の輸出国に変わる。イングランドの経済的地位は、ここで一段と上昇した。イングランドからの未完成の毛織物は、ほとんどがアントウェルペンに輸出された。アントウェルペンの台頭は、イングランド産の毛織物輸出と切っても切り離せない関係にあった。中世の北方ヨーロッパの中心となる市場はブリュッヘであったが、その後継者が、アントウェルペンである。

ブリュッヘは、フランドル製の毛織物を輸出する市場であった。それゆえ、アントウェルペンが

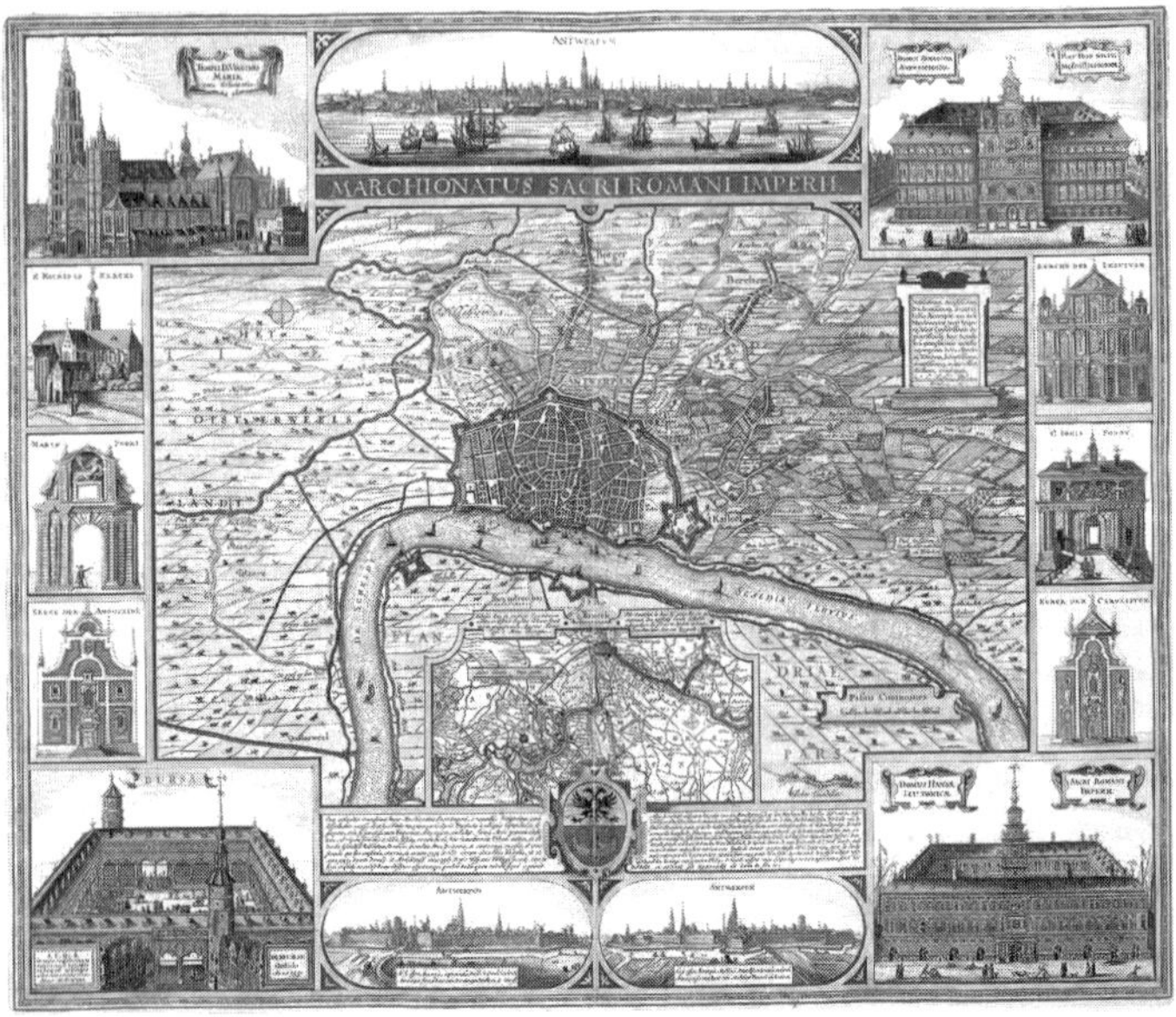

アントウェルペン市街図（1624年）

イングランドと結びつくことは、ヨーロッパで新しい経済構造が誕生したことを意味した。アントウェルペンで活躍したのは、ケルン商人であった。ケルンをはじめとする南ドイツの商人が、チロルやハンガリーの鉱産物を販売するときにもアントウェルペンを選んだからである。ここに、アントウェルペン台頭の一つの鍵があった。

　大航海時代がはじまる一五世紀末になると、アントウェルペンには、ポルトガルを経由しアフリカ産の植民地物産が輸入されるようになる。さらにポルトガル商人は、南ドイツやハンガリーの銅をここで購入した。イングランド産の毛織物、南ドイツ産の銀・銅、さらにポルトガルの香料が、アントウェルペンを国際都市にする原動力とし

フェロー諸島
シェトランド諸島
オーク諸島
ベルゲン
オスロ
ボーヒュース
ノルウェー
スコットランド
フレッケ・フィヨルド
クリスティアンサン
イェーテボリ
スカーイェラク海峡
アバディーン
カテガト海峡
エーアソン海峡
北海
デンマーク
エディンバラ
コペンハーゲン
ニューカースル
ドッガー・バンク
キール
ロストク
リューベック
ハル
フリースラント諸島
ハンブルク
エルベ川
イングランド
フローニンゲン
ブレーメン
ボストン
クローマー
ゾイデル海
ホラント
アムステルダム
カトワイク
ドイツ
ゼーラント
オランダ
イプスウィッチ
エムス川
ヴェーゼル川
ロンドン
ロッテルダム
オーステンデ
ドーヴァー
ブリュッヘ
アントウェルペン
ベルギー
フランドル
スヘルデ川
英仏海峡
ムーズ川
ライン川
フランス
北海周辺

て機能したのである。

アントウェルペンの金融市場は、すでに南ドイツからの銀でかなり潤っていた。しかもスペイン領アメリカから銀を輸入することで、利益はさらに拡大した。ポルトガル王、イングランド王、フィレンツェのコジモ・ディ・メディチでさえ、アントウェルペンの短期信用の顧客となった。アントウェルペンは、フランス最大の金融市場であるリヨンさえ抜き、ヨーロッパ最大の金融市場へと成長したのである。

すでに一六世紀第二四半期の段階で、アントウェルペンはヨーロッパで有数の金融都市として名を馳せていた。アントウェルペンはまた、一六世紀中葉に、他都市に先駆けて取引所（bourse）をつくり、さらに取引所における商品の価格を記した「価格表」を作成した。アントウェルペンとほぼ同時期に、アムステルダムとハンブルクでも取引所がつくられた。これは、おそらくアントウェルペン商人の影響であろう。アントウェルペンに来たアムステルダム・ハンブルク商人、ないしアントウェルペン商人がアムステルダムやハンブルクに赴くことで、両都市の取引所ができたと推測することができよう。

アントウェルペンの取引所の内部

アントウェルペン商人のディアスポラ――ハンブルクへの移住

低地地方や北ドイツの経済成長には、一六世紀後半の「アントウェルペン商人のディアスポラ」が寄与した。

一六〇〇年頃には南ネーデルラントからハンブルクへと移住する商人が増えた。おそらく、ハンブルクがハンザ都市のなかで台頭してきたこと、エルベ川下流の後背地が広大であり、大きな商業上の好機が訪れていたためであろう。その過程で、アントウェルペン商人が大きな役割を果たしたことは間違いない。アントウェルペンには、イベリア系ユダヤ人のセファルディムも移住してきた。またアントウェルペンと、「ジェノヴァ人の世紀」（一五五七〜一六二七年）を迎えたジェノヴァとの商業関係も密接であった。

イングランドの毛織物輸出を独占したマーチャント・アドヴェンチャラーズ（冒険商人組合）のステープル（毛織物を輸出する都市）が一五六七年にアントウェルペンからハンブルクに移動したときも、アントウェルペンの有名な商家が、ハンブルクにまで移動していた。また、ハンブルク商人も、アントウェルペンまで出かけて商業に従事していたことがわかっている。したがって、マーチャント・アドヴェンチャラーズのステープルの移動が、商人のネットワークに変化をおよぼしたとは思われない。むしろ、北西ヨーロッパ商人のネットワークの拡大とみなすべきであろう。これも、「アントウェルペン商人のディアスポラ」の一部とみなすことができよう。

近代世界システムは、「アントウェルペン商人のディアスポラ」からはじまったのである。アムステルダム、ロンドン、ハンブルクは近代世界システムにおいて大きな役割を演じた都市であり、これらの都市のすべてにとって、アントウェルペン商人の移動は大きな影響を与えた。

アントウェルペンからアムステルダムへ

アントウェルペン商人の移住先としてもっとも重要だったのは、むろんアムステルダムであった。アムステルダムは、北西ヨーロッパ商業の中心的な都市になっていたからである。

オランダ史家オスカー・ヘルデルブロムは、一五七八〜一六三〇年のアムステルダム商人の研究をし、五〇〇〇人の卸売り商人の氏名を収集し、このうち、八五〇人が南ネーデルラント出身の商人であることを確認した。ただし、通常この種の統計では、アムステルダムに移住する直前に居住していた場所しかわからないので、実際には、アントウェルペンからいくつかの場所をへてアムステルダムに移住した人々の数は、これより多いと推測される。

アントウェルペンからアムステルダムへの移住は、オランダ独立戦争（八十年戦争）でスペイン軍の攻撃によりアントウェルペンが陥落する一五八五年以前の、一五四〇年代からすでにはじまっていた。

ヘルデルブロムによれば、アントウェルペンでは多数の貧しい商人もアムステルダムに移住した。彼らは、アムステルダムに移住してから富裕になったのだという。ここからわかるように、ヘルデルブロムは、アントウェルペン商人のアムステルダム商業への貢献度を低く見積もり、都市アムステルダムの果たした役割の大きさを強調する。

ヘルデルブロムの研究の問題点として、南ネーデルラントの役割を過小評価しているというオランダ人クレ・レスハーの指摘がある。ヘルデルブロムは「貧民」の所得基準を高くしすぎているため、貧民数が多くなっているのだという。レスハーは、現実には多数の比較的豊かな——少なくともあまり貧しくはない——商人がアントウェルペンからアムステルダムに移住してきたのであり、彼らがアムステルダムの興隆に寄与したと考えたのである。たしかに、より商業が発達していたアントウェルペンからアムステルダムに移住した移民が、アムステルダムの商業発展に貢献したと考えるほうが妥当であろう。すなわち、アントウェルペン商人は、アムステルダムに来てから商業に必要なノウハウを身につけて富を蓄えたのではなく、アントウェルペンで生んだ商業ノウハウをもとに、あまり貧乏ではない商人がアムステルダムに移住したと考えるほうが自然であろう。

アントウェルペン商人（左端）とブラバント商人（16世紀）

オランダ独立戦争によりスペインに攻撃されたため、アントウェルペンの命運はすでに尽きかけていたが、アムステルダムにはより多くのチャンスがあったので、商人がアントウェルペンからアムステルダムに移住したという可能性も否定できない。いずれにせよ、アントウェルペン商人が、アムステルダムの発展に対し大きな貢献をしたことは確実である。「アントウェルペン商人のディアスポラ」は、アルプス以北の北方ヨーロッパ（Northern Europe）の経済成長に大きく寄与した。彼らの商業技術・ノウハウ、さらには商人ネットワークが、他地域の商人にも使えるようになったからである。

アントウェルペンの取引相手地域としては、ドイツの後背地、中欧、イングランド、イベリア半島などがあった。そして低地地方の物産のみならず、イングランド産毛織物、ポルトガルからの香辛料などの商品が取引された。これらの商品の一部は、アムステルダムやハンブルクで取引されるようになったのである。

2　世界最大の貿易都市アムステルダム

アムステルダムの発展――大量の移民

アムステルダムの人口は急激に増え、移民が大量に流入した。一六世紀末からの五〇年間ほどで、アムステルダムの人口は五万人から二〇万人にまで増大する。アムステルダムに居住する人々のなかで、同市出身の者の比率は一七世紀には三〇％台であり、それ以降も五〇％台とかなり少ない。オランダ国内だけではなく、外国からの移民もいた。アムステルダムから、とくに北方ヨーロッパに移住した人々が多かったことはよく知られる。それは、この都市に多数の移入民がいたから可能になった。つまり、アムステルダムに移住した人々のうち、少なからぬ人々がまた別の地に移住したのである。ただ残念ながら、その正確な割合はわからない。

アムステルダムは、人口流動性がきわめて高い都市であった。一六世紀後半においては、アムステルダム生まれの商人は少なく、取引の多くは、アムステルダム外出身者の手によってなされた。南ネーデルラントやドイツを中心とするとはいえ、さまざまな地域出身の商人が同市での取引に従事した。また彼らのなかには、アムステルダムで商業を営んだのち、他地域に移動したものもいた。現在のベルギーに位置するリエージュ出身で、アムステルダムに移動し、たった三年間だけ同市に滞在し、さらにストックホルムに渡った商人ルイ・ド・イェールは、その代表例である。

商人がアムステルダムに一時的ないし数世代にわたって滞在し、その後別の地域に移動したことも多かった。この都市を通して数多くの商業上の情報・ノウハウが流れたと考えられる。近世アムステルダム最大の機能の一つは、まさにこの点にあった。

アントウェルペンとアムステルダムの最大の差異は、基本的に後者の商業規模が圧倒的に大きかった点にある。オランダ東インド会社のヨーロッパの根拠地はアムステルダムにあったことからも判明するように、アムステルダムは世界に開かれた商業都市であった。アムステルダムの取引相手は、それこそ全世界におよんだ。アントウェルペンの商業規模は、それと比較するとはるかに小さかった。

ルイ・ド・イェール（1587〜1652年）

一五八〇年代におけるアムステルダムの輸出入額――とくに輸入額について――は、バルト海地方の比重が非常に大きい。アムステルダムの全輸入額のうち、一五八〇年には六四・五％が、一五八四年には六九・一％が、バルト海地方からの輸入によるものであった。おそらく、穀物輸入がもっとも重要であったろう。

アムステルダムとアントウェルペンの貿易構造は大きく違っていた。貿易構造だけをみれば、たんにアントウェルペンの後継者にとどまらないほど異なっていた。しかし「アントウェルペン商人のディアスポラ」による商人や商業ノウハウの流入がなければ、アムステルダムがこれほどまでに貿易を発展させることは不可能だったであろう。

ステープル市場論とゲートウェイ理論

フランスの歴史家フェルナン・ブローデルの著作の影響もあり、比較的最近まで、近世のアムステルダムには世界中の商品が流れ込み、さらに再輸出されたと考えられてきた。アムステルダムは、「世界の倉庫」とみなされてきたのである。アムステルダムは世界の貿易流通が結節し、ヨーロッパ内への商品の分配がおこなわれる世界的ステープル（世界的な商品集散地）と位置づけられ、その貿易拡大が注目されてきたのである。

商品の需要は一定であるのに対し、近世においては、供給には激しい変動があった。穀物を例にあげよう。穀物を必要とする人々の需要は一定である。しかし、供給量は、天候によって大きく上下した。このような商品は、ほかにもあった。そのため、商品を貯蔵しておく倉庫があれば、供給量が減少しても需要に応じることができる。アムステルダムはそのために機能する都市であり、それが「ステープル」と名づけられたのである。オランダ史において、ステープルとは、さまざまな商品が流入する巨大市場を意味する。アムステルダムは世界最大の商品集散地となり、世界中の商品が流入した。世界中の商品がアムステルダムに一時貯蔵され、そこからヨーロッパ中に商品が再輸出されたと考えられた。

さらに、地方市場—地域市場—国際市場というように、階層制のある市場システムが機能してい

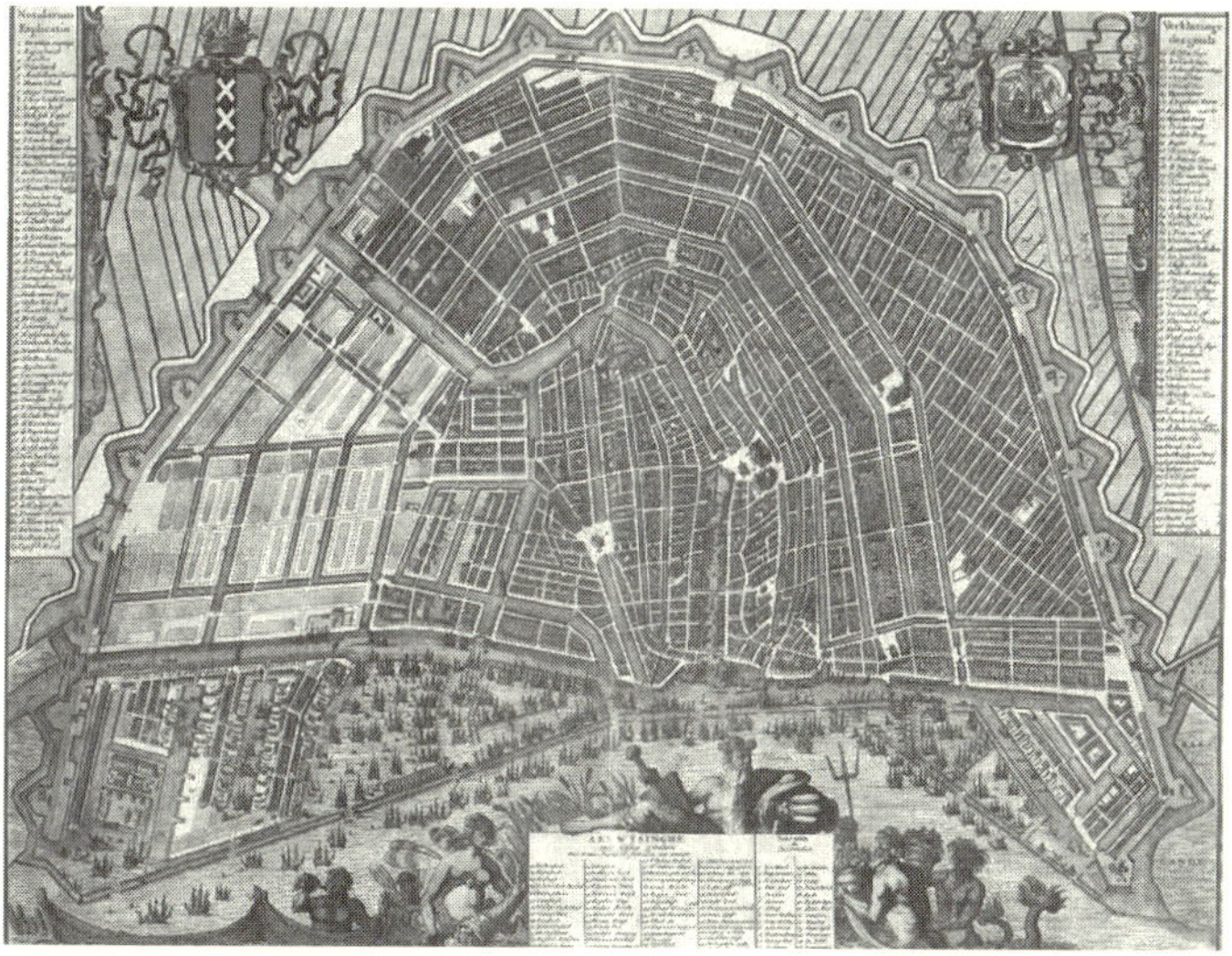

アムステルダム市街図（1692年）

た。地方市場での余剰が地域市場に送られ、地域市場の余剰は国際市場に送られた。そして国際市場の頂点に立つアムステルダムには、世界中の商品が集められていたとされる。

しかしながら最近、それに対する反論がオランダ史家のクレ・レスハーによって出された。アムステルダムは、後背地とそれ以外の地域を結ぶゲートウェイ（Gateway）の役割を果たしたというのが、彼の主張の根幹である。垂直的な市場統合ではなく、水平的な商品の流通システムが重要だったと唱えたのである。さらに、アムステルダムの機能として重要なのは、仲介貿易業ではなく、情報や金融仲介業であったと主張する。そもそもアムステルダムの面積を考えるなら、国際貿易で扱われるすべての商品がこの都市でストックされたとは考えられない。アムステルダムは、世界の倉庫ではなく、流通の中心であった。

一七世紀のアムステルダムが、ヨーロッパ最大の貿易都市であったことはたしかである。アムステルダムは、バルト海地方から輸入される穀物を中心に繁栄した。アムステルダムには、バルト海地方から輸入された穀物を貯蔵する倉庫がたくさんあった。だからこそ、バルト海地方との貿易は、オランダの「母なる貿易（moedernegotie）」とよばれるのである。しかし他の商品においては、アムステルダムは他の諸都市を圧倒するほどの市場ではなかった。

レスハーによれば、アムステルダムが目立ったのは、扱う商品の種類が多かったからであり、量が多かったからではない。レスハーは、低地地方にはゲートウェイ（巨大なものもあれば、比較的規模が小さいものもある）が互いにリンクし、商品を輸送するシステムがあったと想定するのである。彼の考えでは、アムステルダムは階層の頂点に立つ国際市場ではなかった。アムステルダム以外にも、重要な国際市場はいくつかあった。現在のオランダ史研究においては、彼の学説は徐々に注目されるようになっている。

彼はまた、アムステルダムは「情報のステープル」であったと述べている。

有形財の貯蔵には巨大な空間が必要である。しかし無形財である情報の貯蔵には、大きなスペースはいらない。したがって、アムステルダムは、「情報のステープル」になることができた。しかしまた、情報という財は、アムステルダムにとどまることなく、他地域にもそのままないしは加工して輸出されることになった。アムステルダムは、商業情報の中心となったのである。では、それはなぜ可能になったのか。

宗教的寛容がもたらす多様な情報

アムステルダムは、近世のヨーロッパ都市としては驚くほど宗教的寛容に富んだ都市であった。オランダ共和国はカルヴァン派の国家であったが、オランダは宗教的には他国よりもはるかに寛容であった。それは、一五七九年のユトレヒト同盟結成時に「何人も宗教的理由で迫害されることも、審問されることもない」と決められていたことからも理解されよう。その代表がアムステルダムであった。たとえばこの都市は、ヨーロッパ最大のセファルディム（イベリア系ユダヤ人）の居住地となった。

アムステルダムのシナゴーク

さらに、アムステルダムにはさまざまな出身地、宗派の商人が移住してきた。プロテスタント商人、カトリック商人、ユダヤ人、さらにはアルメニア人までもがアムステルダムという狭い空間で商業活動をした。場合によっては、彼らは出身地と緊密な関係を築いた。そのため、出身地の商業情報が比較的容易に入手できた。

アムステルダムこそ、ヨーロッパの商業情報の中核であった。このような場所は、一七世紀はおろか、一八世紀になってもヨーロッパのどこにも存在しなかった。この都市は、異文化間交易の中心であったとみなせるであろう。

ヨーロッパ各地の商品の情報はアムステルダムに集められ、アムステルダムからヨーロッパ各地に流された。アムステルダムを通じて、ヨーロッパのさまざまな宗教・宗派に属する商人の取引が可能になったと考えるべきであろう。この点の重要性は、いくら強調してもしすぎることはあるまい。

3 ロンドンとアントウェルペン

ロンドンとアントウェルペンの関係——フィッシャーの視点

次に取り上げるのは、ロンドンとアントウェルペンの商業関係である。「アントウェルペン商人のディアスポラ」を論じる以上、この都市と関係の深かったロンドンに言及しないわけにはいかない。

その出発点となるのは、イギリスの経済史家フレデリック・ジャック・フィッシャーの諸論考である。フィッシャーが亡くなったのは一九八八年であり、二〇年以上前のことであるが、彼の論はいまだに乗り越えられたとはいえない重みがある。フィッシャーがもっとも重視したのは、近世イギリスにおけるロンドンの役割である。フィッシャーは、ロンドンからアントウェルペンへの毛織物輸出を中心にして研究を進めた。

ロンドンの毛織物輸出は、イングランドからの輸出全体の八〜九割を占めた。ロンドンで途中段階まで加工された毛織物は、マーチャント・アドヴェンチャラーズによってアントウェルペンに未完成のまま送られ、そこで完成品となり、ドイツやイタリア、レヴァント地方（東地中海沿岸）に輸出された。完成品ではなく未完成品の輸出をするということ自体、イングランドが低開発国であっ

表2-1　ロンドンからの標準毛織物輸出量　(単位:クロス)

期間	輸出量	期間	輸出量	期間	輸出量
1500～02年	49,214	1536～38年	87,231	1568～70年	93,681
1503～05年	43,844	1539～41年	102,660	1571～73年	73,204
1506～08年	50,373	1542～44年	99,362	1574～76年	100,024
1509～11年	58,447	1545～47年	118,642	1577～79年	97,728
1512～14年	60,644	1550年	132,767	1580～82年	98,002
1515～17年	60,524	1551年	112,710	1583～85年	101,214
1518～20年	66,159	1552年	84,968	1586～88年	95,087
1521～23年	53,660	—	—	1589～91年	98,806
1524～26年	72,910	1559～61年	93,812	1592～94年	101,678
1527～29年	75,431	1562～64年	61,188	—	—
1530～32年	66,049	1565～67年	95,128	1598～1600年	103,032
1533～35年	83,043	—	—	—	—

注：３年間の平均。1550～52年は単年。

たことを物語る。イギリス経済史家ラムゼイの言葉を借りれば、ロンドンはアントウェルペンの「衛星都市」であった。そのロンドンが、やがて他国の都市を「衛星都市」にしていったのである。

一六世紀のイングランド最大の輸出品は、ロンドンから輸出される毛織物であった。そして表２－１にあるように、世紀前半は輸出増の時代であったが、後半になると、輸出量は増えない。

その理由について、フィッシャーはこう論じた。一六世紀前半にはイングランドで貨幣が悪鋳され、そのためにポンドの価値が低下し、輸出には好都合になったが、後半になると改鋳したためポンドの価値が高くなり、輸出量は伸びなくなった、と。

そのためイングランドは、西欧の外部に市場を求めた。一五五一年にはモロッコに、一五五三年にはギニアに船が送られ、さらに同年、ロシアとの交易をめざし、スカンディナヴィア半島の北側を廻る北東航路での航海がなされた。一五七〇年代になると、レヴァント地方と直接貿易するこころみがなされた。このように、新市場をヨーロッパ外に求めようとする動きがあった。さらに、それまでの厚手の毛織物（旧毛織物）ではなく、オランダからの技術導入があった薄手の毛織物（新毛織物）がつくられるようになり、それまでとは異なる市場が探求されるようになる。それに加え、毛織物輸出不況になったイングランドでは、外国人商人を排除する傾向が強まった。フィッシャーはこれを、「経済的国民主義《ナショナリズム》」とよんだ。ここに、ロンドンのアントウェルペンからの離脱傾向がみてとれる。しかも、イングランドの取引相手地域は大きく拡大する。

フィッシャーによれば、イングランド経済は、ロンドンをフィルターとして、アントウェルペンを通じてヨーロッパ大陸とつながっていた。ロンドンからマーチャント・アドヴェンチャラーズの手によって未完成の毛織物がアントウェルペンのステープルに輸出され、アントウェルペンで加工されていたのだから、産業資本主義の理論に従えば、ロンドンはアントウェルペンに従属していたといえるであろう。イギリス経済の従属度があまり高くなかったのは、当時のヨーロッパの経済的先進地帯であったフランドルによってモノカルチャー化されていなかったというのが、一つの理由としてあげられよう。

フィッシャー史学の評価

以上、フィッシャーの論を簡単に紹介してみた。フィッシャーはヨーロッパ大陸、なかでもアントウェルペンへの未完成の毛織物輸出を重視した。フィッシャーの考え方に従えば、これこそイングランドの後進性の現れであり、イングランドの低開発状況をもっとも適切に示す。しかしイングランドは、この一七世紀には、完成品の毛織物を輸出するようになる。イングランドはもはや低開発国とはいえず、ロンドンはアントウェルペンの衛星都市ではなくなった。フィッシャーの歴史学とは、ロンドンの貿易を通してみたイングランド経済の拡大史だといってよかろう。しかも、そこには二〇世紀と同様に、先進国と後進国の差異があると考えた。

フィッシャーの説に従うなら、アントウェルペンの影響下からの離脱過程こそ、イングランドの経済成長を意味する。ロンドンを通したイングランド産の毛織物輸出は、アントウェルペン以外の地域におよぶようになった。イングランドは、低開発の状態から抜け出していったのである。

このようなフィッシャーの問題意識は、現在のイギリスでは忘れ去られているといってよい。さらにドイツにおいても、イギリスからの毛織物流通の重要性は認識されていても、イギリスが低開発国ではなくなっていくという点を理解していたとは思われない。

もっとも、現在の研究状況からみるなら、フィッシャーの説には次のような問題点があることが指摘できよう。

まず、近世イギリスの低開発状態を、そのまま現在の低開発と比較したことである。イギリスにとって幸いなことに、この国を低開発化できるほど強力な経済力をもつ国はなかった。この点をよく理解していたのは、ヨーロッパ人ではなく、実は日本人である川北稔であった。フッィシャーを自身の研究の出発点の一つとした川北はこの問題点に気づき、カリブ海史家のエリック・ウィリアムズやウォーラーステインの影響を受けながら、西インド諸島の植民地が低開発化されていくこととを明らかにしたのである。

そのほかの問題点として、そもそも毛織物輸出量の長期変動を、通貨操作（通貨に含まれる金銀の量を上下させ、通貨価値を意図的に上げ下げする）との関係だけで説明しようとしたことである。そのためには、毛織物の品質と需要が長期にわたって一定だったという前提が必要である。そのような前提に立つこと自体、そもそも不可能である。イングランドの毛織物生産の技術発展が、ヨーロッパ大陸の消費者のニーズに合った形態で進んだと考えるべきなのである。それを解明することこそきわめて重要な研究になるはずであるが、残念ながらまったくといっていいほど手がつけられていない。


さらに、通貨操作そのものは、まずイタリアで発明され、やがてアントウェルペンを通じて、イングランドに導入されたものと考えられる。イギリス史家ブランチャードはこの過程を、「金融のディアスポラ」とよんだ。しかしフィッシャーにはそういう観点はない。現実には、イングランド商人は、アントウェルペンに行って商業活動に従事していたのである。

そもそも、ロンドンとアントウェルペンは、毛織物輸出だけによって結びつけられていたわけではない。商人が往来しており、人的ネットワークも強められていた。さらに、金融上の技術も、アントウェルペンからイングランド（ロンドン）へと移転した。

イングランドは、たしかにアントウェルペンの支配下から脱することで経済成長をした。しかしまた、一六世紀中葉までのロンドンを中核とするイングランド経済の成長は、アントウェルペンなしでは考えられない。アントウェルペンとロンドンとの関係の緊密化は、「アントウェルペン商人のディアスポラ」の一環ととらえることもできる。

ロンドンがアントウェルペンの影響下から抜け出す過程もまた「アントウェルペン商人のディアスポラ」の一部とみなせよう。このような見解に対しては、イングランド在地商人の役割を過小評価しているとの批判ができよう。しかしその一方で、アントウェルペンの商業ノウハウを十分に身につけたからこそ、ロンドンは自立化が可能だったことを忘れてはなるまい。換言すれば、この「ディアスポラ」の完成形態こそが、実はロンドンの自立化であった。とはいえここでは、ロンドンの自立化でさえ、アントウェルペンの役割を考慮せずに論ずることは不可能だと指摘するにとどめよう。

しかもロンドンは、「アントウェルペン商人のディアスポラ」の主要都市であるアムステルダムとの関係を強めていったのである。この二都市の商業関係を考えれば、ロンドンがアムステルダムにも従属していたことは疑いの余地がない。すなわち、アントウェルペンから自立しようとしたロンドンであったが、アムステルダムに対して――アントウェルペンと比較すると程度は低いとはいえ――従属化傾向を免れることはできなかった。さらに、アムステルダムには、アントウェルペンからの移民が押し寄せていたのである。アムステルダムとロンドンとの取引は、人的関係をみれば、アントウェルペンとロンドンとの関係と、あまり変わらなかったのかもしれないのだ。

4　商人のネットワークからみた近代世界システム

近代世界システムとアントウェルペン商人のディアスポラ

ブリュッヘからアントウェルペンという北方ヨーロッパの中心市場の転換は、より広大な経済圏の誕生を意味した。アントウェルペンには、イングランドから未完成の毛織物が輸出され、南ドイツの鉱産資源が送られ、新大陸からの銀が流入した。さらに取引所が建設され、「価格表」（これについては、本書一〇五〜一〇七頁を参照）が発行された。アントウェルペンは、北方ヨーロッパの経済の中心であり、情報拠点でもあった。

アントウェルペンは、アムステルダムにも大きな影響をおよぼした。アントウェルペン商人はすでに一六世紀中葉からアムステルダムに移住を開始しており、彼らの商業ノウハウは、アムステルダムに移植された。

このように考えると、近代世界システムは、やはり「アントウェルペン商人のディアスポラ」からはじまったといえよう。アントウェルペン商人が、ロンドンとアムステルダムに移住し、この三都市の関係が強まっていくことが、一六世紀中葉〜一七世紀前半の北方ヨーロッパ経済では非常に重要な出来事であった。ロンドン、アントウェルペン、アムステルダム間の商人の移動は大変活発になり、一つの経済圏が生まれたのである。

近代世界システムが一六世紀中葉のヨーロッパに誕生した時点での、この三都市のネットワークの重要性は軽視されるべきではない。同質性の高い商業空間が、北西ヨーロッパの一角に生まれたからである。

国境を越える商人

ウォーラーステインの議論は、近代世界システムという名称を用いているものの、その根幹にあるのはナショナルヒストリーである。国家を越えた商人ネットワークという視点は感じられない。しかし商人は、中世だけではなく近世においても、やすやすと国境を越えて活動していたのである。国家と国家が競争するにせよ、そもそも国境を越えてさまざまな資源を入手しなければならなかったのだから、コスモポリタンな商人は、国家の維持のためにも必要だったはずである。国家の歴史がいわば歴史の縦糸だとすれば、商人の歴史は、歴史の横糸ということになろう。この二つの織りなす歴史こそ、私の考える新しい近代世界システムである。

北西ヨーロッパで生まれた商人ネットワークは、南ドイツの市場と強い結びつきがあった。また、それに比べれば重要性は劣るが、アルプスを越え、イタリア市場との関係もあった。アムステルダムとバルト海地方との経済関係は強く、アントウェルペンはイベリア半島を通じて、南米の市場とももつながっていた。

一六世紀初頭から中葉にかけてはアントウェルペンが、それ以降少なくとも一七世紀末まではアムステルダムを中心とし、ロンドンを加えた北西ヨーロッパの三都市の商業関係は強化され、ますます多くの地域との経済的結合を強めていく。それこそ、ヨーロッパ世界経済が拡大する過程であ

ヴェネツィア全景（16世紀）

った。

ヨーロッパ世界経済が誕生してから、この三都市のなかで、アムステルダムの力が圧倒的に強くなった。その頃に、主権国家体制が成立しはじめた。そしてロンドンがアムステルダムに取って代わったとき、ヨーロッパ世界経済ではなく、世界の多くの地域を覆い尽くす「世界経済」が誕生したということができよう。そのときには、世界は帝国主義時代に突入していたのである。

都市のネットワークから中核都市へ

近代世界システムの考え方に対しては、ラース・マグヌソンによる強力な批判がある。

ブローデルからウォーラーステインにいたる近代世界システムのアプローチは、経済力の中核地域と、特定の時代にその地域を支配していた特定のリーダーを同一視する。そして、ヨーロッパの北西部に近代世界システムが誕生したと考える。

マグヌソンによれば、たしかに、このような解釈には発見的な性質があり、そのため近代世界システムの説明能力を高めているかもしれない。近代世界システムのアプローチが、とくに一六世紀のあいだに、地中海世界ではなく、ヨーロッパの北西の隅におけるきわめて高い成長率を強調することは、疑いの余地なく正しい。しかし、主導的な都市こそ特定の時期のシステムの中核だと明確に同一視することはできない。貿易面では、多数の中核都市のあいだで、競争ではなく、協力関係があった。一六世紀においては、ヴェネツィアとジェノヴァは、依然として重要な都市であった。バルト海地方の諸国のあいだでは、ハンザ同盟内部の協力が依然として強力な要素であった。ヨーロッパ北西部では、アントウェルペンがたしかに巨大な中心であったが、ブリュッヘなどの都市もまた、貿易のハブとして非常に重要であったのである。したがって、都市・都市国家間の複雑な相互関係こそが重要だと考えるべきだという。

とはいえマグヌソンのこのような批判が、近代世界システムに対する批判として有効だとは思われない。むしろ、多数の都市が併存する状況から、一つの都市が圧倒的に重要になっていくことこそが、近代世界システムの特徴といえるからである。

ウォーラーステインの理論には大きな矛盾がある。近代世界システムの「ヘゲモニー国家」がオランダ、イギリス、アメリカであるとすれば、中核都市は、いうまでもなく、アムステルダム、ロンドン、ニューヨークとなる。これらの都市は工業都市ではなく、金融都市である。したがって中核国の中核都市は、金融拠点ではあっても工業拠点ではない。この点からも、経済を工業・商業・金融に分け、「ヘゲモニー国家」は、この三部門で他を圧倒している国だというウォーラーステインの理論は、成立しがたいことが理解できよう。

第3章　「情報」が変えた世界

――商業活動と国家の関係

商人が運ぶのは商品ばかりではなかった。彼らがもつ情報も、それと同じか、場合によってはそれ以上の価値があった。

しかし、第二次世界大戦後から一九六〇年代頃までの日本では、経済史といえば生産の歴史であった。とりわけ、イギリスの毛織物生産に焦点があてられてきた。それが、戦後経済史研究の中核をなした。その代表例が、大塚久雄を中心とする大塚史学である。

生産から消費へという視点の転換を押し進めたのは角山榮、川北稔らの関西のグループであった。生活史という提言がなされ、実際に人々が何を消費しているのかを問題にした。彼らが日本の西洋史研究で必ずしも中核であったというわけではないが、少なくとも生産だけではなく、消費も重要な研究対象であることを明らかにした点で、新たなパラダイムを創出したといえよう。

このように研究スタイルは大きく違うが、生産であれ消費であれ、具体的なモノを研究するという点で、視点は一致している。それは経済学でいう「有形財」(tangible goods)を扱う歴史だといってよい。

それに対しここでは「無形財」(intangible goods)の歴史を提唱する。サービスや情報、技術など、目に見えないものは、経済学では「無形財」とよばれる。そのなかで、情報を中心とした歴史研究の重要性を提起したい。それこそが、商人と国家を中核とする近代世界システムの根幹の一つを形成するからである。

世界史における産業革命の重要性については、本書でも認めている。しかし、本書では「大分岐」の第一段階で、ヨーロッパにおいて「情報の非対称性」(市場に参加する人々のもっている情報が異なること)が少ない社会が誕生したからこそ、第二段階にあたる産業革命も生み出されたと考える。以下にその過程を解説しよう。

1　モノの経済史から情報の経済史へ

情報の世界史へ

新古典派の経済学(現在の大学で一般に教えられている経済学)では、すべての人が同じ情報を共有することが前提とされてきた。たとえるなら、どの人もまったく同じ情報が入ったフロッピーディスクを所有していると想定されてきたのである。ところが現実には、フロッピーディスクの内容は人によって異なり、しかもところどころにデータの欠如や傷がある。むしろそれこそが現実の姿であり、情報の非対称性が市場の失敗を生み出すのが事実だとしても、情報が非対称的であることを利用して、人々は経済活動を営むと考えるほうが現実世界に適合的だといえよう。

商人にとってなによりも重要なことの一つとして、他の商人よりも良質の情報を入手するということがある。それゆえ現実の経済では、情報は必然的に非対称的になる。だからこそ商人は、利潤を手中にする。とはいえ、あまりにも情報の非対称性が大きいと、市場は適切な機能を失う。情報劣位者が取引を拒否するからである。また、正確な情報が速く伝わる社会のほうが、経済成長に適していると考えられよう。個々の商人は情報の非対称性を利用して利益をえるが、社会全体としてはそれを縮小させなければ適切な経済活動が困難になる。企業の活動と経済全体のありかたとの関係は、おそらくこのようにまとめられよう。

情報は、経済学的には、サービスや技術とともに無形財に属する。しかしサービスや技術と比較すると、情報はより不可視であり、とらえどころがない。情報の価値は人により、時間により、場所によりつねに変動する。これらの点で、非常に稀な財だといってよい。したがって、経済史の対象として情報を中心に据えることは困難をともなう。おそらくそれが、情報を中軸としたグローバルヒストリーがなかなか書かれない理由の一つであろう。

しかしながら、グローバルヒストリーにおいて非常に重要な論点である「大分岐」の背景には、情報のフローが大きく関係していたと考えるべきである。すでに述べたように、情報がスムーズに伝わらない社会では、少なくとも取引の効率が落ちるからである。

アジアよりヨーロッパのほうが、正確な情報が速く伝わる社会だったととらえることはできないだろうか。また、近世から近代にかけ、ヨーロッパはどのようにして情報を活用していたのか。あるいは情報の有効活用のためのシステムをどのようにして構築したのか。それらは「大分岐」と大きく関係していたのではないか。

本章の課題は、これらの疑問に対する解答にある。そして、ウォーラーステインのいうヘゲモニーが、オランダで誕生してからからイギリスへと移行するまでを扱う。なお、ここでいう情報は、英語でいうinformation（事実にかんする知識）とintelligence（理解能力）や、技術力、商業ノウハウなどをふくむ。

グーテンベルク革命がもたらしたもの、もたらさなかったもの

世界ではじめて活字印刷を発明したのは決してグーテンベルクではない。朝鮮半島の高麗で、一三～一四世のうちに銅活字が用いられていたことは、こんにちでは広く知られる。しかしヨーロッパ史においては、グーテンベルクが発明ないし改良した活字印刷術が、社会に大きな影響を与えたこともたしかである。活字印刷術が誕生したため、書物の量は著しく増加した。それ以前には一部の聖職者にかぎられていた読み書き能力は、それ以外の階層へと大きく広がった。さらにプロテスタントの側に立てば、聖書の自国語への翻訳のきっかけとなり、宗教改革へとつながっていった。これこそ、グーテンベルク革命といわれるゆえんである。

いうまでもなく、グーテンベルクのもたらした影響は大きなものであった。それをいささかも否

活版印刷の準備をする人々
（アントウェルペン、16世紀）

定する気はないし、そのようなことは不可能である。とはいえ情報の伝達スピードという点では、必ずしも革命的ではなかった。これは、実はこれまでほとんど取り上げられてこなかった事柄である。それゆえこの問題について、さらに論じる必要があろう。

情報の伝達スピードは、非常に長いあいだ、人間が移動するスピードを上回ることはできなかった。たしかに、たとえば戦争が終わってから狼煙をあげて、それによって勝利を伝えることは可能であった。すでに古代ギリシアで、トロイ落城の際にそのようなことがおこなわれていた。さらにのちの時代には、灯明や手旗信号を利用した情報伝達もあった。伝書鳩も使われていた。

このように、人間の移動速度以上の早さで情報を伝えることは可能であった。しかしながら、そのような手法では、きわめてかぎられた情報しか伝えられなかった。グーテンベルク革命は、情報の伝達スピードを速めたわけではなかった。これは、まったくといってよいほど言及されないことでもあるので、ここで強調しておく必要があろう。

おそらくこの時代でもっとも速く情報を伝えたのは、商人、より正確には卸売に従事する国際貿易商人であったろう。彼らはコスモポリタンな商人ネットワークを用いて、商業情報を伝播させた。このような構造は中世から続いていた。グーテンベルク革命が、それを破壊することはなかった。むしろ、強化したといってよい。

なぜなら、この革命は、「発話」ではなく印刷された「文字」を用いることでより正確な情報を伝えることを可能にさせたからである。むろん、手書きの商業書類は中世から作成されていたが、印刷されると、同じ形式の書類は急速に増大し、商業活動の費用低下につながった。これは、商業史上非常に重要なことである。しかしながら、グーテンベルク革命自体が情報伝達のスピードアップを可能にしたわけではない。情報は商人ネットワークを介して商人たち自身によって伝播され、そのスピードアップは、船舶の高速化、道路の整備などによって生じたのであり、グーテンベルク革命によるものではなかった。

見方を変えれば、国際貿易商人の活動が活発になり、取引量が増え、取引のためのスピードが上がれば、情報は増え、おそらく情報の流通速度は上昇する。それどころか、同じような商業技術をもつ商人が活動するなら、情報が均質になっていく。そのため情報の非対称性が減少し、取引を遂行するための障害が少ない社会が誕生することになる。グーテンベルク革命は、それにも寄与したといえるのである。では、そのような社会はヨーロッパのどこで生じたのだろうか。

2　ディアスポラと情報伝播

北方ヨーロッパの台頭

アルプス以南のヨーロッパ（南方ヨーロッパ Southern Europe）と比較した場合、アルプス以北のヨーロッパ（北方ヨーロッパ Northern Europe）のほうが、どちらかといえば経済的に遅れていた時代が近世まで続いていた。

北方ヨーロッパが台頭するのは、早くみても一六世紀後半のことにすぎない。アントウェルペン、アムステルダム、やがてロンドンがヨーロッパ経済の中心都市になる。このような変化は、大西洋経済の勃興と関連づけられることが多い。

しかし、本章の論点は「情報」にある。したがって、ヨーロッパ内部の経済構造の転換と情報のフローのシステムとの関係こそ、考察の中心に据えるべきであろう。換言すれば、正確な商業情報が流れやすいシステムを形成したからこそ、北方ヨーロッパが台頭したと想定されるのである。

近世のヨーロッパはまた、主権国家形成の時代であり、絶え間なく戦争がおこなわれた。そのため、国家は異分子を排除する傾向があった。フランスのユグノーが一六八五年にナント王令廃止によりフランス国外に亡命を余儀なくされたことが、その代表例である。しかしそれは、フランスを基軸としたユグノーのネットワーク形成に寄与した。外国貿易をおこなうにあたっては、知り合いのユグノーのあいだでの取引は活発になったものと考えられる。むろんこれは、一例を提供するにすぎない。だがヨーロッパ各地において、類似の事例はたくさんあった。

たとえばジュネーヴを根拠地としたプロテスタント＝インターナショナルが誕生した。さらに、フランスを出国したカトリックのネットワークも無視することはできない。だからこそ現在の歴史学界で、「ディアスポラ」という用語が人口に膾炙するようになったのである。またユグノーにかんしては、スウェーデンでは市民権獲得が可能なため帰化をして、同国の経済成長に寄与したと考えられた。このような商業技術をもつ人々を誘致すれば、経済成長につながると考えた国家や都市があったとしても不思議ではない。しかしまたこのような考え方は、これまでの商業史研究では、あまりみられなかったように思われる。どちらかといえば、国際商人のネットワーク形成の研究が中心であり、彼らの移住先での貢献についての研究は、隅に追いやられている印象がある。

そもそも商人は経済発展の担い手である。それが、現在の欧米における経済史研究の動向でもある。だからこそ商人が「企業家」(entrepreneur)とよばれるのだ。近世においては、商業空間を拡大すること(取引地域の拡大)により、商業のみならず経済が発展したのである。また近世の戦争は、こんにちと比較するとはるかに規模が小さく、当事国の商業に破滅的な影響をおよぼすことは少なかった。むしろ、戦争により他地域への移住を余儀なくされたため、国際商人のネットワークは大きく広がった。

「ディアスポラ」の研究は、国民国家の枠組みを相対化する点で、大きな功績があった。しかしその一方で、日本ではそれがヨーロッパ経済全体の成長や発展にどのような影響をおよぼしたのかという考察が不十分であったのは、大きな欠落というべきであろう。商人のネットワークの拡大による「商業空間の拡大」という表現は用いても、それが経済の「成長」ないし「発展」に結びつくという考え方はあまりないように思われる。「ディアスポラ」が発生し、商業空間が広がるだけでなく、それが各地の商業・経済活動に寄与しないかぎり、地域による差異があるにせよ、ヨーロッパ全体が経済成長をしたことの説明にはならない。

グーテンベルク革命がヨーロッパ商業に与えた影響

このように、同質性をもつ商人がヨーロッパ各地に居住したことは、移住先の経済成長以外に、どのような経済的利点をもたらしたのであろうか。ここではその問題について、グーテンベルク革命との関係から考察してみたい。

商人の手引書には、商業にかんする方法、商人の教育法などが書かれている。商業全般にかかわるマニュアルだといって差し支えあるまい。

手引書が作成されていく過程については、次に引用する文章が正鵠を射ていよう。

『商売の手引』とよばれる著作ジャンルの成立の背景には、ヨーロッパ商業において一二世紀ごろから漸次的に進行する、「遍歴型」から「定着型」への商業活動形態の転換がある。「定着型商業」においては、商人たちは本拠地となる都市に定住し、各地に派遣した代理人や支店と郵便網を介した連絡や情報の収集を通じて活動に従事する。その活動は必然的に広範囲化、多角化し、それにともない各市場の情報や商品にかんする知識、商業技術といった精通しておくべき内容は非常に大量かつ多岐にわたるものとなった。こうした転換において商人たちは、遠隔地との書簡の交換や情報の記録といった必要性から、読み書き能力を重要視し、また習得していく。彼らはそうして身につけた読み書き能力を用い、日々変動する経済状況に応じて更新される情報や活動の記録を逐一書き残すようになる。この膨大に蓄積された情報や知識の記録を、参照しやすいように整理し、また効率的に後進へと伝達する必要から編纂されたものが、

『商売の手引』あるいは実務百科であった。

（森新太「ヴェネツィア商人たちの『商人の手』」『パブリック・ヒストリー』七号、二〇一〇年、七七頁）

商人の手引書は、一三世紀後半のトスカナとヴェネツィアで作成されはじめたと考えられる。これはもちろん、当時のイタリアが、ヨーロッパ商業の先進地帯であったことを反映する。このような手引書は、商業拠点の移動とともに、一六世紀になると、アルプスを越え、アントウェルペン、アムステルダム、ロンドンなどでも作成されるようになった。しかも、中世においては手書きであり、商人の覚書の域をあまり出ていなかったのが、グーテンベルク革命によって印刷されるようになると、より多くの商人がその手引書を利用するようになった。そのためヨーロッパでは、商人の同質性が増加した。すなわち、同様の商業慣行をもつ商人が多数誕生したのである。

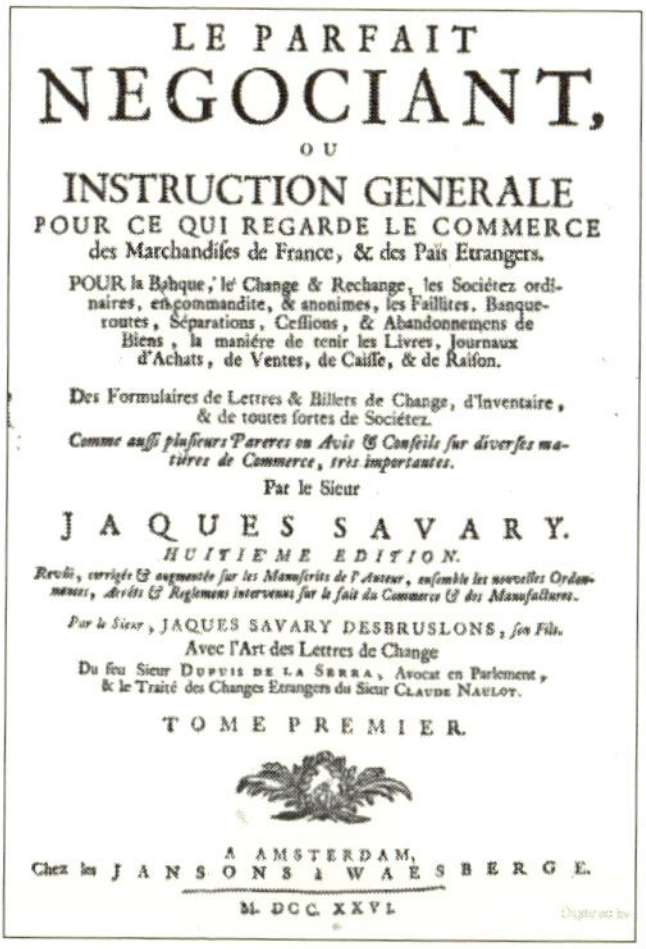
LE PARFAIT
NEGOCIANT,
OU
INSTRUCTION GENERALE
POUR CE QUI REGARDE LE COMMERCE
des Marchandises de France, & des Païs Etrangers.
POUR la Banque, le Change & Rechange, les Sociétez ordinaires, en commandite, & anonimes, les Faillites, Banqueroutes, Séparations, Cessions, & Abandonnemens de Biens, la maniére de tenir les Livres, Journaux d'Achats, de Ventes, de Caisse, & de Raison.
Des Formulaires de Lettres & Billets de Change, d'Inventaire, & de toutes sortes de Sociétez.
Comme aussi plusieurs Pareres ou Avis & Conseils sur diverses matiéres de Commerce, très importantes.
Par le Sieur
JAQUES SAVARY.
HUITIEME EDITION.
Revûe, corrigée & augmentée sur les Manuscrits de l'Auteur, ensemble les nouvelles Ordonnances, Arrêts & Reglemens intervenus sur le fait du Commerce & des Manufactures.
Par le Sieur, JAQUES SAVARY DESBRUSLONS, son Fils.
Avec l'Art des Lettres de Change
Du feu Sieur DUPUIS DE LA SERRA, Avocat en Parlement, & le Traité des Changes Etrangers du Sieur CLAUDE NAULOT.
TOME PREMIER.
A AMSTERDAM,
Chez les JANSONS à WAESBERGE.
M. DCC. XXVI.

ジャック・サヴァリの『完全なる商人』

イタリアを起源とする商人の手引書は、一六七五年にフランス人ジャック・サヴァリが著した『完全なる商人』により、頂点に達した。この書物は版を重ね、各地でさまざまな言語の複製版がつくられた。もとより「著作権」なる概念がなかった時代なので、正確な翻訳ではなく、各地の事情を考慮した改訂が施されている。したがって翻案といったほうがより正確である。またこのような大部な書物は必ずしも実用的でなく、より小型の書物が作成されることになった。

商人の手引書は、（国際）商業のマニュアル化を促進した。どのような土地であれ、同じようなマニュアルに従って教育された商人であれば、同様の商業作法に従って行動すると期待できる。そのため、取引はより円滑に運んだと推測される。さらに、商業帳簿・通信文・契約書類などの形式が整えられ、取引はますます容易になった。商人はさまざまな言語を習得しなければならなかったが、商業に関連する書類の形式が決まってさえいれば、学習はより簡単になる。比較的少数の商業用語を習得すれば、他地域の商人と取引することが可能になった。このような手引書が、やがてカトリック・プロテスタント商人を問わず読まれるようになったことは、大いに強調すべきである。そのために、ヨーロッパ全体での商業取引が円滑におこなわれるようになったと考えられる。異なる宗派に属する商人の取引――異文化間交易――が容易になり、経済成長につながったのである。

これこそ、グーテンベルク革命がヨーロッパ商業に与えた最大の貢献であった。

情報連鎖

また、情報の集積・伝播についても、ヨーロッパ社会、とりわけ北方ヨーロッパにはさらに注目すべき現象があった。商品と価格にかんする情報が印刷され、それが当初は一年に四回発行されていたのが、一週間に一回、やがて一週間に二回になった。もともとイタリアではじまったこのような商業新聞は、北方ヨーロッパにも広まり、一六世紀前半にはアントウェルペンが、一七世紀初頭から一八世紀初頭にはアムステルダムが、一八世紀初頭から二世紀間はロンドンが支配的になった。このような商業情報拠点の移動は、そのまま北方ヨーロッパの経済的台頭と取引費用低下を示す。

中世ヨーロッパの商業史研究において、年市の研究はずいぶん盛んにおこなわれている。近世になると、取引所がつくられ、毎日が市《いち》であるような情勢が生まれた。さらに、取引所どうしのネットワークが、商業新聞発行により密接になった。このような制度は、アジアと比較して、商業活動がより円滑におこなわれる社会が誕生したことを意味するであろう。

情報伝達のシステムの変化は、スティーヴン・トピックがいう「商品連鎖」(本書五五頁参照)の変容と大きな関係があったと考えられる。「商品連鎖」によれば、一つのブランチで経済活動に従事する人々は、他のブランチとどのような関係にあるのかは知らないけれども、原材料は、場合によってはかなり長い連鎖をたどって最終製品となり、最終的に消費者が購入する。

この商品連鎖が長くなれば長くなるほど、正確な情報の連鎖は欠かせない。これは、私の考えでは「情報連鎖」(information chains)というべきものである。商品連鎖の拡大は、情報連鎖の拡大をもたらす。この時点で、有形財と無形財がクロスする。二つの財は、相互依存関係を強める。

近世には大量の植民地物産が新世界やアジアからヨーロッパに流入した。アジアからの商品はすでにヨーロッパに輸入されていたが、その規模は大きく拡大する。しかも、新世界の物産は、ヨーロッパ人には初めてのものばかりであった。新世界のような遠隔地からの商品連鎖はより長く複雑になり、情報連鎖はより精密になった。そのために重要だったのが商業新聞であり、この情報を用いて、商人は取引を拡大したのである。商品連鎖が適切に機能するためには、情報連鎖が十分に機能しなければならない。正確な情報が提供されなければ、商品連鎖はストップする可能性もある。商品連鎖と情報連鎖は、不即不離の関係にある。価格表や商業新聞、さらには私的に送られる商業書簡により、商業情報の伝達が正確になった。伝言ゲームのように、伝えられる情報が、最初の人と最後の人で異なるということはだんだん少なくなっていった。

3　アムステルダムの役割

情報センターとしてのアムステルダム

アムステルダムが、「世界の倉庫」ではなかったことはすでに論じた（本書七九頁参照）。そもそもアムステルダムの面積を考えるなら、国際貿易で扱われるすべての商品がこの都市でストックされたとは考えられない。しかしながら、情報となると話は別である。この財をストックするのに、倉庫はいらない。無形財と有形財との差異は、このように大きい。経済史はこれまで、有形財を中心に研究を進めてきたため、無形財の役割は過小評価されているといえよう。アムステルダムが「情報のステープル」とよばれるのは、この都市に、情報が集積されたからである。

アムステルダムにとってもっとも重要な機能は、決して商品の貯蔵庫にあったのではなく、情報の集約地という点にあった。一六世紀後半から一七世紀にかけて、アムステルダムは巨大化した。それはさまざまな地域から、この都市に人々が移住したからである。第2章で述べたように、一五八五年のアントウェルペン陥落以前に、同市からアムステルダムへの大量の移民がいた。アントウエルペンにはジェノヴァの商業技術が受け継がれていたので、ジェノヴァ→アントウェルペン→アムステルダムと、商業技術の伝播があったことも否定できない。さらに、現実にアントウェルペンで活発に取引をしていたのは、ケルン商人などの外国商人であった。ここから、アムステルダムが、ハンザの商業技術を導入した可能性が高いと判断できる。さらに、アムステルダム商人と婚姻関係を結んだダンツィヒのハンザ商人がいた。アムステルダム市場は、このような商業関係のなかで成立したのである。

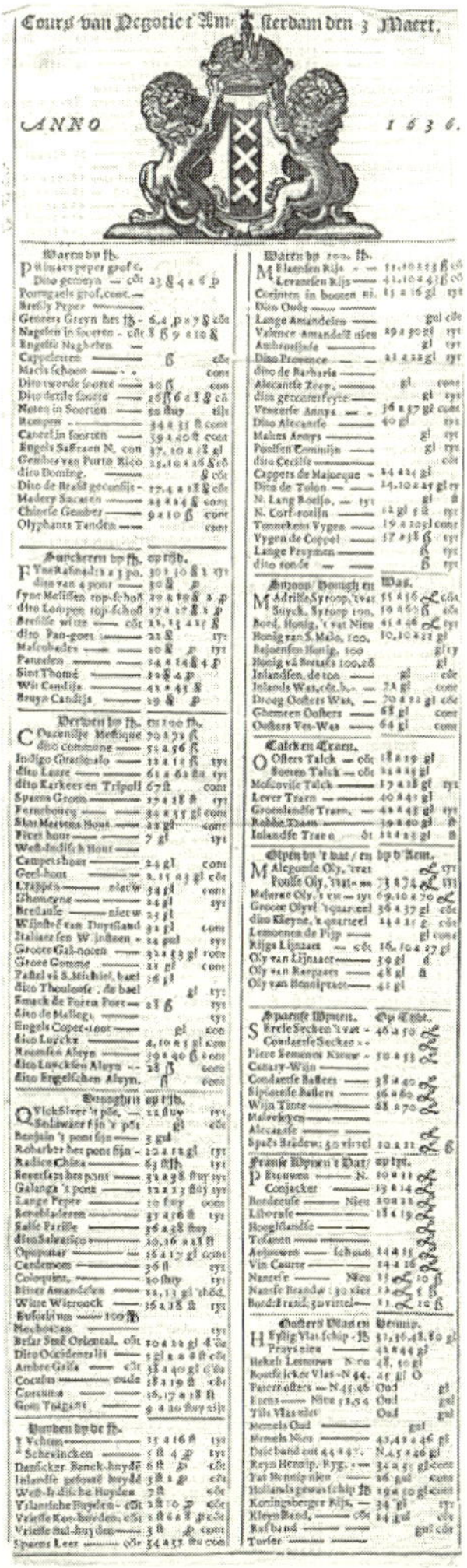
Cours van Negotie t'Amsterdam den 3 Maert.
ANNO 1636.

アムステルダムで発行された価格表
(1636年)

　近世のオランダは宗教的寛容の地として知られ、とりわけアムステルダムでカトリックもプロテスタントもアルメニア人もユダヤ人——とくにイベリア系のセファルディム——もかなり自由に経済活動に従事できたのは、オランダやアムステルダムにとって何よりも商業活動が重要だったからである。彼らは、少なくとも同時代の他地域と比較すれば、より多くの経済活動の自由をえた。アムステルダムを通じて、ヨーロッパのさまざまな宗教・宗派に属する商人の取引が可能になったと考えるべきであろう。それゆえ、同市には多種多様な商人の商業技術が蓄積された。なかでも大事だったのは、おそらく、ハンザとイタリアの商業技術の融合である。

アムステルダムには、たしかに多くの移民が流入した。しかしまた一方、多数の人々がアムステルダムから別の地域に移動したことも忘れてはならない。アムステルダム出身でない商人のなかには、アムステルダムに定住するものもいれば、他地域に移住するものもいた。アムステルダムに移住した商人は、その世代のうちに別の地域に移住することもあれば、数世代をへて移住することも、あるいは定住することもあった。

商人の移動は、情報が人を媒介として伝播していったことを意味する。しかし情報はまた、「活字」を媒介として伝播していった。この点からみて重要なのは、価格表と商業新聞である。

アムステルダムに移り住んだ商人は、出身地の商業ノウハウ、ネットワークなどをアムステルダムに持ち込んだ。それは、アムステルダムの重要な資産となったはずである。アムステルダムの優位は、それにも由来した。ただその資産は、商人がアムステルダムから移動することによって、必ずしもアムステルダムないしオランダにとどまることなく、他国に輸出された。しかもアムステルダムでは、比較的自由に情報が伝達された。さらに情報の伝達形式が、「口頭」から「印刷」という形式に変わっていった（前頁写真参照）。そのため、情報の確実性は急速に増大していった。そのような情報が、ヨーロッパのあちこちに伝播していったのである。アムステルダムは、ヨーロッパの出版の中心であり、情報センターであった。

アムステルダム市場の価格動向は、他のどの市場よりも重要であった。それが、価格表によって他の地域にも伝えられたのである。むろん商業新聞も、それと同じ働きをした。アムステルダムの情報は、一～二週間で、他のヨーロッパ諸都市に届くことになった。そのため、ヨーロッパにおいては、商人がもつ商業情報は均質化していき、商業遂行に必要な費用が大きく削減された。

ところで商業新聞は、いわば公的な情報伝達である。それに対し商人のネットワークによる情報伝達もあった。商人は、取引する商品の品質について、商業書簡を用いて伝達した。それを支えたのが、ヨーロッパ全土に広がる商人の私的ネットワークであった。情報連鎖は、国際貿易商人が織りなす私的ネットワークによっても広がった。

オランダとヨーロッパの経済成長

近世のオランダはまた、分裂性が強い国家でもあった。もっとも強力であったのはホラント州であったが、他の六州が団結すれば、決してホラント州が自分勝手な行動することはできなかった。したがってオランダは、中央政府のコントロールがあまり効かない国であった。

一七世紀のオランダは、ヨーロッパ経済の中心であり、おそらくその生活水準はヨーロッパのなかでもっとも高かった。さらにこの頃のアムステルダムはヨーロッパの金融市場の中心であり、同市には巨額の富が蓄積された。オランダは下層の人々にいたるまで、公債に投資するような投資社会であった。オランダ人は有利な投資先を求めて、オランダ国内よりも、外国に投資した。ヨーロッパ最大の投資社会となったオランダの投資先として、イングランドが選ばれた。しかも、オランダ人は、イングランド銀行が発行する国債を購入し、イングランド、やがてはイギリスがヘゲモニー国家になるのに寄与したのである。またハンブルクについては、一六一九年に創設されたハンブルク銀行に巨額の出資をした。その効果もあり、ハンブルクは、ヨーロッパでも有数の為替取引の決済の拠点として台頭したのである。

こうしたオランダの投資は、オランダにさらなる富をもたらした。しかしこれらの行為は、長期的には、オランダ「国家」にとっては負の作用をおよぼした。オランダ政府は、オランダ国民の投資を、自国に振り向けるよう強制することはできなかった。アムステルダム商人はヨーロッパでもっとも良質な情報をもっていたので、オランダ国内ではなく、外国に投資したのだと推測するべきであろう。

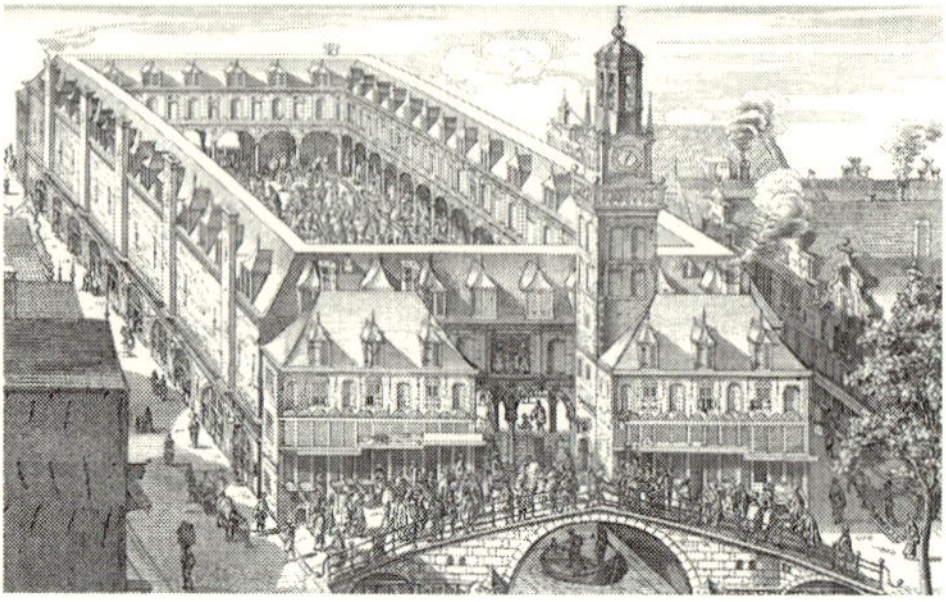
アムステルダム取引所

オランダの国制自体が、オランダ経済の衰退と、ヨーロッパ経済の成長をもたらしたといえよう。オランダには、国家が情報を管理するという思想はなかったし、また、そのための制度もなかった。アムステルダム商人は、政府の意思とはあまり関係なく、また、政府のバックアップをさほどうけることなく活動することができた。それは、オランダがもっとも進んだ経済地帯であったので、国家による保護を必要としなかったからである。アムステルダム商人が必要とする情報は、商人自身のネットワークによってもたらされた。

さらに、一七世紀のアムステルダムはヨーロッパの金融市場の中心であり、同市には巨額の富が蓄積された。それは、アムステルダムの人々を惑わせるほど多くの富であった。その富がどこに向かうのかは、ある程度はヨーロッパの歴史を左右したとさえ考えられるのである。

一七世紀においてさえ、オランダ国内の利子率は低く、一八世紀になると二・五〜三%にまで低下した。オランダ資金はより高い金利を求め、絶えず国外に流れるようになった。しかもオランダはヨーロッパの金融取引の中心であり、ヨーロッパでの貿易決済は、オランダ――基本的にアムステルダム――の銀行を通じてなされた。オランダ商人は貿易に従事するのではなく、金利生活者へと変わった。このように変貌したオランダ人は、イギリスに最大の投資先を見いだしたのである。

4 ヘゲモニーの移行

国家の経済への介入

一七世紀においては、オランダがヨーロッパ最大の経済大国であった。オランダは各州の力が強く、地方分権的というより、むしろ分裂的な国家であった。さらに、国家の経済への介入も少なかった。

これに対して他国は、オランダに対抗するために、国家が大きく経済に介入し、程度の差はあれ、国家主導型の経済成長をした。また、オランダを含め、ヨーロッパの大半の国では国家財政のかなりの部分を軍事費が占めるようになった。そしてオランダ以外の国では中央集権化が進んだ。

分裂国家のまま経済的先進国になったオランダは、国家が経済に介入して経済成長をなし遂げる必要はなかった。国家が経済に介入する以上、中央集権化は避けられない。この点で、西欧であれ北欧であれ、同じような国家構造を有していた。それはまた、国家による商業活動の保護につながった。それゆえ、重商主義政策が必要になったと考えられよう。各国の重商業主義政策は、いわばオランダ以外のヨーロッパ諸国の「経済的後進性」の現れなのである。イギリスの航海法であれ、コルベールの王立マニュファクチャーであれ、「経済的後進性」を表しているのである。さらには、スウェーデンの国王グスタヴ・アドルフがリエージュ出身でアムステルダムにいた実業家ルイ・ド・イェール（本書七七頁参照）をスウェーデンに招聘し、鉄工業を発展させようとした。だからこそこの人物は、「スウェーデン鉄工業の父」とよばれるのである。スウェーデンはまた、さまざまな国に領事館をおき、領事を通じて――たとえば新聞を使い――商業情報を商人に知らせた。これは、良質な商業情報こそ後進国に必要なものだとスウェーデン政府が認識していたからである。

商業活動と国家の関係

ところで、近世の国際商人の商業書簡には、戦争のことがあまり書かれていないのがふつうである。商人は国家の存在をあまり意識していなかったのかもしれない。また、商人が商業で必要とする資金は、知人の金融業者から借りることができる程度の額であり、なにも国家から借金したわけではない。だからこそ一見、商業活動と国家とは無関係にみえるかもしれない。商業史の研究者は、そういう結論に陥りがちである。

だが、経済成長における国家の役割を軽視すべきではない。もし国家が商業活動を保護しなかったなら、近世ヨーロッパの経済成長はなかっただろう。国家は、軍事力により商業を保護し、経済成長に必要な公共財（法律や道路など、すべての人々が共同で使用する財）を提供したのだと、グローバルヒストリーの旗手であるパトリック・オブライエンはいう。換言すれば、経済成長に必要な「制度」（社会的な枠組み）を生み出したのが、国家による政策であり、最大の成果をおさめたのがイギリスであったと力説しているのである。いうなれば、国家が経済活動に必要なインフラを整備したのである。

イギリスは商人を保護し、彼らの取引費用を低下させた。イギリス商人は、取引相手国に居住地を定めることが少なかった。イギリス商人は母国との取引継続に比較優位を見いだしたと推測される。イギリス商人の活動は、イギリス「帝国」の形成に寄与したが、オランダにはそういうことはおこらなかった。オランダ商人は、どちらかといえば、少なくとも長期的には現地に同化し、母国との関係をなくしていく方向での商業活動に比較優位を見いだしたのである。

ヘゲモニー国家オランダは、とくにその中核都市であったアムステルダムは、商業情報の拠点であった。それゆえ、国際商業に従事する商人としては、アムステルダムの情報を利用しなければ、商業を続けていくことは困難であった。他方、オランダは中央集権化されず、国家が情報を掌握し、それによって他国よりも経済面で優位に立つということはしなかった。そもそも当時の通信技術では、そこまでのことは不可能であったかもしれないし、オランダでは、国家が厖大な情報を把握する必要もなかったであろう。

オランダと軍事情報

ウォーラーステインによれば、一七世紀のオランダ国家は、経済面では国の内外で十分強力であったために、重商主義政策は必要としなかった。また軍事面でも、オランダ艦隊は十分に強力であった。しかしオランダの軍事力にかんしては、アムステルダムが武器貿易の中心であり、そのため戦略・戦術にかんする情報が比較的容易に入手できたことを看過してはならない。アムステルダムは、軍事情報が集約される地でもあった。

なにも強力な、あるいは規模の大きな軍隊をもつことが、軍事強国になる唯一の手段ではなかった。オランダ商人のもつ情報は、必ずしも商業だけではなく、軍事面の情報も含まれていた可能性が高いことは、ここで強調しておきたい。また、プロイセンを典型とする近世の軍事国家像も時代遅れであろう。強力な軍隊は、場合によっては巨額の軍事費の支出を意味し、国家財政に大きな負担をおよぼす。同じ軍事力をもつ国家であれば、軍隊が小さいほど経済効率は良い。そのためには、軍事情報を握ることが、きわめて大切なことだったはずである。一七世紀のオランダが、その代表例であった。

ここから想起されるように、ヨーロッパ近世の軍事国家像は、大きな転機をむかえている。現実に武器貿易に関与した商人がもつ情報こそ、戦争の勝利に必要な戦略の形成に欠かせないものだったと考えられる。武器も情報も商品として大きな価値をもつ。アムステルダムが武器貿易の中心であった以上、オランダが戦争をする場合、相手国がどのような戦略をとるのかが比較的容易に推測できたはずである。

それは、オランダが一七世紀に「黄金時代」にいたった要因の一つになったと考えられる。

イギリス帝国のシステムの特徴

オランダにとってかわり、イギリスが世界経済のヘゲモニーを握ったのは周知のことであり、ここであらためて繰り返すまでもない。ただあえて付け加えるなら、イギリスの財政が中央集権化したのに対し、オランダという国家は地方分権的であったという違いを見逃すべきではない。

イギリスとオランダを比較すると、イギリスの商人は現地に同化せず、イギリスに富を持ち帰ったのに対し、オランダ商人はさまざまなノウハウをもって移動しながら、それをオランダの国の富の形成に活かしていなかった印象を受ける。それは、イギリスが中央集権化し、重商主義政策で商人を保護し、彼らの利益をイギリス全体の利益に取り入れようとしたのに対し、オランダはあまりに分権的、むしろ分裂的国家であり、そうすることに関心がなかった。重商主義時代のイギリス、オランダの貿易政策の差は、このような結果ももたらしたのである。

オランダの国制は、神聖ローマ帝国の末裔といってよいほど地方分権的であった。「商人の共和国」といって過言ではなかった。一方、イギリスは「帝国」を形成していった。すでにオランダがヘゲモニーを握っていた時代の商業情報の流通については述べたので、ここではイギリス「帝国」

のシステムの特徴について言及する。

一八世紀になると、オランダの経済力が低下し、それに対応するようにイギリスの経済力が上昇すると、しばしばいわれる。しかしわれわれは、一七世紀のオランダと一八世紀のイギリスとの差異に注目する必要がある。一七世紀のオランダは、世界中とまではいかなくとも、ヨーロッパ中の商品を輸送していた。それに対し一八世紀のイギリスの輸送力は、一七世紀のオランダほど強くはなく、イギリス帝国内部の輸送が多かった。この点に、両国の貿易構造における最大の相違が見いだせる。

一八世紀イギリスの貿易では、「帝国内部」の紐帯《ちゅうたい》が強められた。このような構造は、そのまま一九世紀にもちこまれた。それはまた、イギリスほどには広大な帝国を所有せず、国家の権力が小さく、貿易にかんしては商人のネットワークに大きく依存していたオランダとの相違でもある。一八世紀のイギリスは、ヨーロッパでもっとも成功した「財政＝軍事国家」（第4章参照）となった。それゆえ、財政的にはもっとも中央集権化した国家となった。一七八三年にアメリカ合衆国がパリ条約によって国際的に独立を認められ、「第一次重商主義帝国」を喪失する以前に、すでにイギリスの国家財政に果たすインドの役割は巨大化しており、財政構造からみると、インドを中核とする帝国形成へとシフトしつつあったのである。

帝国という言葉をオランダにも用いるとするなら、それは「商人の帝国」であっても、「財政の帝国」ではなかった。換言すれば、「一体となった財政構造をもつ帝国」とはいえなかった。しかも商人はオランダという国家を意識せずに行動した。一方イギリスは、国家が商人の活動を保護し、帝国の枠内で商業活動をさせようとした。インドで巨富を築いて本国に帰ってきた「ネイボッブ」とよばれる人々がその一例である。また、西インド諸島と貿易した商人も、この法則にあてはまる。いうなれば、商業資本主義国家オランダの国際貿易商人は、オランダという国籍を意識しない「無国籍商人」であり、産業資本主義国家イギリスの国際貿易商人は、イギリスという国家に支えられた「国籍をもつ商人」ととらえられるのである。

一八世紀の情報伝達システムの特徴

イギリスにおける情報センターとして、よく知られるのがコーヒーハウスである。

一七世紀のヨーロッパではコーヒーが大量に輸入されるようになり、そのためコーヒーハウスが大いに発展した。最初のコーヒーハウスは一六四五年にヴェネツィアにできた。さらに一六五〇年に、オクスフォードでイギリス最初のコーヒーハウスができた。その後、一八世紀にかけ、コーヒーハウスはとくにイギリスで流行した。コーヒーハウスでは酒は出さず、客は新聞や雑誌を読み、政治談義を楽しんだ。

さらにコーヒーハウスは、実業家が情報を交換する場として、きわめて重要であった。官報である「ロンドン・ガゼッタ」が読まれた。保険会社として著名なロイズもコーヒーハウスから誕生した。

コーヒーハウスの様子

最盛期にはロンドンに五五〇ほどのコーヒーハウスがあったといわれる。そこでは、政府に反抗的な政治談義をする自由もあった。

では、イギリスの情報センターであるコーヒーハウスと、ヨーロッパ大陸で多く見られた取引所とは、どういう点で違っていたのであろうか。

コーヒーハウスにかんする書物を上梓した岩切正介は、次のように書いている。

一七九七～一八一五年は、ロイズにとって、困難もあったが、なにより大きな成長期であった。海上保険組合として今日の原型（海上保険を引き受ける個人の集まり）ができ（一八〇〇）、人数も増え、組織整備と情報管理が進み（一八一一）、施設面でも王立取引所の北面二階全体を占めるようになった（一八〇二）。一八〇四年に書かれたアンガーステンの伝記には、ロイズは今や「帝国内の帝国」という表現が使われている。

（岩切正介『男たちの仕事場――近代ロンドンのコーヒーハウス』法政大学出版局、二〇〇九年、一九〇頁）

コーヒーハウスから出発したロイズは、イギリスの海外進出にともない大きく発達し、ロイズコーヒーハウスそのものが、保険引受市場へと転換した。そして、一九世紀になると、イギリス帝国および海運業が拡大したことで、世界の海上保険の中核になった。

イギリス帝国の形成と、コーヒーハウスの発達は、このように大きく連動していた。これは、イギリスの情報システムが、イギリス帝国と不可分の関係にあったことを示すものととらえてよい。

ロンドンにはきわめて多数のコーヒーハウスが存在し、そのロンドンを中核として、イギリス帝国の情報が集積され、やがて拡散した。

一八世紀のイギリスは、世界で唯一「帝国」のシステムを形成していったのに対し、他のヨーロッパ諸国は、ヨーロッパ内部では旧来の自由な商人のネットワークに大きく依存していた。したがって、イギリスの情報の発信には、国家が大きくかかわることになった。

5 「大分岐」の二つの段階

情報伝達のスピードと歴史研究

「情報」を基軸に据えたグローバルヒストリー構築の試みは、現在のところほとんどみられない。グローバルヒストリアンの関心の的である「大分岐」にかんする議論でも、「有用な知識」という面からヨーロッパの優位を説くファン・ザンデンのような立場はあるが（本書四七頁参照）、「情報伝達」という観点からの分析はないように思われる。

本章では、グーテンベルク革命の意義を、商業に対するインパクトという観点から論じた。多くの場合、外国の情報をもたらすのは国際貿易商人であり、彼らが情報伝達の担い手として重要であったと主張した。そのような時代の最後にあたるオランダの「黄金時代」に、アムステルダムを中心に商業情報が伝播し、北方ヨーロッパで同質的な商人社会が形成され、経済が大いに成長したのである。

オランダとイギリスの相違

序章と第1章で論じたように、「アントウェルペン商人のディアスポラ」にはじまった北西ヨーロッパの同質的な商業空間の拡大により、近代世界システムが誕生した。オランダを中核としたこのシステムは、やがて西欧全体に拡大した。そのため、西欧の商業取引遂行のための取引費用は大きく低下した。それは「大分岐」の第一段階を形成した。

オランダ、とくにアムステルダムを中心とするこのシステムは、商業資本主義時代の近代世界システムであり、とくに海運業が基盤になった。というのは、一六世紀後半から一七世紀前半にかけてのヨーロッパでは、人口増による食料不足のため、バルト海地方——とりわけポーランド——からオランダ船で輸送する穀物が欠かせなかったからである。ポーランドがオランダに従属したのは、オランダ船なしでは穀物が輸送できなかったからである。

オランダよりも経済的に遅れていたイギリスは、オランダに追いつくために、国家が経済発展に大きく介入した。オランダ船隊排除を意図した航海法の導入が、そのもっとも適切な事例である。

イギリスは、一八世紀になると、「帝国」を形成するようになった。すでに日本では、川北稔がイギリス国内ではジェントルマンの支配体制が、国外では「帝国」——主として大西洋経済——が工業化（産業革命）の前提条件を形成したと主張している。イギリス帝国が本格的に機能するのは一九世紀後半のことであったが、すでに一八世紀に形成されていたイギリス帝国は、海上貿易の少なからぬ部分を自国船でおこなうことに成功していた。これは、イギリスにのみ可能なことであった。この点で、イギリスは特殊な国家であった。おそらく一八世紀中にはこのシステムの有効性はあまり明確ではなかったが、一九世紀になってはっきりとした。そしてイギリスは、オランダがヨーロッパの商人に必要な商業情報を供給し、ヨーロッパ経済の発展に寄与したのと同じ意味では、ヨーロッパ経済の発展に寄与しなかった。イギリス帝国は、あくまでイギリス人のための帝国であった。

「大分岐」の第二段階としてのイギリス産業革命

すでに述べたように、イギリス産業革命によって、「大分岐」の第二段階がはじまった。それは、大西洋経済の形成によって可能になった（本書第5章参照）。

一八世紀ヨーロッパの台頭は、少なくとも直接的には、アジアとではなく大西洋との貿易と大きな関係があった。そもそもヨーロッパとアジアの貿易はずいぶん昔からあったのに対し、大西洋貿易は、近世になって急に拡大した点で、この二地域がヨーロッパに与えた影響の大きさの違いが理解できよう。ヨーロッパは、大西洋貿易を発達させることで、アジアに対して有利になったと考えるべきであろう。

大西洋貿易の拡大には、各国政府が大きく介入した。一八世紀のヨーロッパの戦争は、おおむね、大西洋の覇権と関係する戦争であった。また、この時代に「財政＝軍事国家」が形成されていったことも事実である。したがって大西洋経済形成とヨーロッパの国家形成は不可分の関係にあった。後者については第4章で、前者については第5章で論じる。

第4章　主権国家の成立
――財政と商業からの視点

明確な時期を特定することはできないが、近世のある時点から、ヨーロッパに主権国家が生まれてきたことはたしかである。本章では、その主権国家と戦争、さらに軍事財政、商人の関係について述べる。これらは不即不離の関係にあったが、それは、必ずしも理解されているわけではない。この時代の主権国家は「財政＝軍事国家」であり、国家財政の大半を占める戦費調達のために、国際貿易商人のネットワークが必要であった。「財政＝軍事国家」と商業史は、これまで別々に研究されてきた。しかしこの二つの分野の結合こそ、新しい近代世界システムの研究に必要だと考えられる。

1　主権国家をめぐって

主権国家とは何か

『世界史用語集』（山川出版社）によれば、「主権国家」とは、「明確な国境で囲まれた領域と、独立した主権を持つ近代国家のこと」である。また、「中世末期以降、神聖ローマ帝国やローマ教皇のような普遍的な権力・権威が衰える中で、国家が独立の政治主体として成長し、確立された」とある。さらに同書の「主権国家体制」の項には、「ヨーロッパに多数の主権国家が形成され、それらが互いに並立・競合して国際政治が展開される体制」と書かれている。

グローバルヒストリーが提唱されているとはいえ、イギリス史家の近藤和彦もいうように、「今日の報道からも印象的なのは、移動と交流とグローバル化の進む現状にあっても、国家や国民性、そしてコミュナルな矜持が今なお無視しがたい、いやなおさらに強烈な意味と力をもつという事実である」（近藤和彦編『歴史的ヨーロッパの政治社会』山川出版社、二〇〇八年、i頁）ということは、否定すべくもない。

さらに近代になると、一つの国民が一つの国家を形成するという国民国家が生まれる。しかしそれも、国家が主権を有するという意味では主権国家であった。もとより、一つの民族が一つの国家を形成する「国民国家」というのは、現在の眼からはフィクションというよりほかない。

けれどもそのフィクションが、やがて世界の歴史を大きく動かしていった事実も、われわれは認めなければなるまい。こんにちもなお、国家とは「国民国家」であるべきだという考え方が根強く残っているからである。しかし、それは政治学者ベネディクト・アンダーソンがいう「想像の共同体」という神話にすぎない。歴史家として探究すべきは、なぜこのようなフィクションが生まれたのか、ということであろう。

むろん、世界帝国が崩壊し、ヨーロッパ世界経済のなかで、各国が競合関係になったという事実を無視することはできない。このような近代世界システムのなかでこそ、主権国家、さらには国民国家が誕生したのである。

さらに主権国家体制は、大陸諸国を巻き込んだ「三十年戦争」の講和条約として一六四八年に締結されたヴェストファーレン（ウエストファリア）条約で誕生したことに目を向けたい。ヴェストファーレン体制とは、戦争を前提とする体制であった。主権国家と戦争は密接にリンクしているからである。

本節では、主権国家体制成立というテーマを、財政史の観点から論じる。財政史の観点から単純化していうなら、国家の主権とは、ある国家が税金をかけられる範囲を意味する。だからこそ各国の領土が明確になっていくのであり、一つの地域に、二つの国から税金をかけられるということは、まったくありえなくなる。

主権国家体制とは、そのような体制だととらえられるのである。

「軍事革命」と「財政＝軍事国家」

近世のヨーロッパで数多くの戦争がおこなわれたことは、周知の事実である。これらの戦争を経験したのち、他地域に対して軍事的に大きく優越し、やがて帝国主義時代には世界を分割することも、よく知られた事実である。

近世のヨーロッパでは、「軍事革命」とよばれる現象がおこった。戦争のための出費が膨大になり、一七〜一八世紀のヨーロッパでは、国家支出に占める戦費の比率が急激に上昇した。この時代のヨーロッパ諸国を形容するに際し、もっとも適切な用語は「財政＝軍事国家」であろう。「財政＝軍事国家」とは、その語のとおり、国家財政に占める軍事費の割合が非常に高い国家のことである。もともとは、一九八九年にイギリス史家ジョン・ブルーワの著書『権力の腱』（大久保桂子訳『財政＝軍事国家の衝撃』名古屋大学出版会、二〇〇三年）によって一八世紀のイギリスを示す用語として提唱されたものであったが、現在では近世のヨーロッパ諸国を表す用語として広く使用されるようになった。

イギリスにおいては、少なくとも戦時には、国家予算に占める戦費の割合は六〇％を超えていた。一七一〇年においては、国民所得に占めるイギリスの軍事費は九％であったが、一七六〇年になると一四％にまで上昇した。イギリスにおける軍事支出の増加は、まさに驚くべきものであった。しかし、国家予算に占める軍事費の支出が増えるのは、なにもイギリスにかぎられた話ではなかった。

ブルーワの議論が出現したのも、ヨーロッパ的規模での財政史研究の発展があったからである。かつてシュンペーターがいみじくも喝破したように、「財政需要がなければ、近代国家創成への直接要因は存在しなかった」からである。

近世ヨーロッパの財政需要は軍事支出の急増によってなされたものであるのだから、「軍事革命」と近代国家の出現とは表裏一体の関係にあった。国家の戦争遂行能力とは、かつて考えられていたように大規模な官僚制度を創出できる能力にかかっているのではなく、戦費調達能力によるという考え方が、こんにちの歴史学界では支配的になりつつある。

いわば、軍事革命が財政支出を増大させ、それが近代国家形成への大きなインパクトになったのである。そしてまた、増大する財政支出に応えるべき資金をどのようにして調達したのかということは、非常に大きな問題となるはずである。

「財政＝軍事国家」イギリス

イギリスが「財政＝軍事国家」としてともかくも存在しえたのは、莫大な軍事支出に耐えることができたからである。「軍事革命」で最大の成功を収めた国は、イギリスといえるのかもしれない。では、なぜイギリスは、いやイギリスこそが「財政＝軍事国家」として成立したのかという疑問が出てこよう。そしてそのための資金を、イギリスはどのようにして調達したのかという疑問も浮かんでこよう。

「軍事革命」は近世のヨーロッパ全体におよんだ現象であった。そして「軍事革命」によって各国の軍事支出が急速に増大し、そのなかでイギリスが「財政＝軍事国家」として大きな成功をおさめ、やがてイギリス帝国を形成した。とすれば、イギリスが「財政＝軍事国家」になりえたこと自体に、他のヨーロッパ諸国以上に帝国主義時代にリーダーシップを握りえた理由の一つが隠されていると考えるのが妥当であろう。

さらに財政史研究と国制史研究を橋渡しするものとして、「財政＝軍事国家」が考えられる。キケロがいったように、「財政は国家の腱」だからである。財政の研究なくして、国制を語ることは不可能である。

「財政＝軍事国家」こそは、ヨーロッパにおける主権国家誕生時の国家の姿であった。ヨーロッパ諸国は、軍事費を調達するためには国内の資金だけでは足りず、国外からの借金を必要とした。それには、全ヨーロッパにおよぶ金融ネットワークが助けとなった。主権国家が誕生するためには、国家という枠組みを越えた資金のフローが欠かせなかったのである。

2 肥大化する国家財政

戦争と資金の流れ

まず、ヨーロッパの財政状況にかんする、おおまかな傾向を述べておこう。一七世紀は三十年戦争をはじめとするさまざまな戦争により、ヨーロッパ諸国が財政上危機的状態に陥った時代である。この戦争以外にも、イギリスではピューリタン革命（一六四二～四九年）、フランスではフロンドの乱（一六四八～五三年）など、ヨーロッパのいたるところで戦争が勃発した。これは、一般に「一七世紀の危機」として知られている（表４－１参照）。

表4-1　17世紀ヨーロッパのおもな戦争

戦争名	戦争期間
オランダ独立戦争（八十年戦争）	1568～1648年
三十年戦争	1618～1648年
ピューリタン革命	1642～1649年
フロンドの乱	1648～1653年
第一次イギリス－オランダ戦争	1652～1654年
第二次イギリス－オランダ戦争	1665～1667年
ネーデルラント継承戦争	1667～1668年
第三次イギリス－オランダ戦争	1672～1674年
オランダ侵略戦争	1672～1678年
ファルツ継承戦争	1688～1697年

「一七世紀の危機」にかんする論争は、イギリス人の歴史家E・J・ホブズボームによりはじめられた。彼によれば、この危機は、封建制から資本主義への移行の段階でおこった軋《きし》みを意味した。ホブズボーム以来何人かの研究者によって「一七世紀の危機」にかんする議論がなされたが、ほとんど何も結論らしきものはえられていない。なぜこの危機が発生したかということについての問題はさておいて、「一七世紀の危機」によって戦費が増大し、そのために国家機構の整備が進み、近代国家が誕生するための一つの布石ができたということはできるであろう。

では次に具体的に、一七世紀の戦争によって国家予算や軍事支出がどの程度拡大したのか、簡単に見てゆくことにしよう。

一七世紀ヨーロッパ諸国の国家財政

フランスでは、一七世紀初頭から一六九〇年代にかけ、国家予算が五〜八倍に増加し、イギリスでは、一五九〇年代から一六七〇年代のあいだに、国家予算が一六倍にまで膨れあがった。オランダでは、イギリス—オランダ戦争とファルツ継承戦争のため、一六九〇年代には国家予算の九〇%が軍事費にあてられた。同時期の神聖ローマ帝国においては、その比率はさらに高く、九八%に達している。ブランデンブルク・プロイセンでは、三十年戦争中の一六四〇年代に軍事費が急速に増大した。

常備軍がおかれるようになったため、税額も急速に増加した。また軍事費が増大したために、それに対応すべく、王領地が売られた。イギリスでは、一六世紀後半には王室財産を売却することで増税を避けたが、一七世紀までには、王室は租税にかんしては完全に議会に依存していた。デンマークにおいては地租収入が増大したが、それは一六五〇年代のスウェーデンとの戦争で王領地を売却したからである。さらにデンマークは、戦費調達のためにエーアソン海峡（デンマークとスウェーデンの国境の海峡。七一頁地図参照）の通行税を増加させ、それがヨーロッパ諸国の不満をかった。それが原因の一つとなって、デンマークは衰退してゆく。

スウェーデンにおいても、戦費調達を目的として、多くの王領地が売却された。またスウェーデンはフランスからの援助金、オランダからの借金により戦費をまかなった。そもそも一七世紀のスウェーデンは戦争につぐ戦争をおこなっており、人口が希少なスウェーデンでは、戦争の遂行は相当な財政上の負担になった。そして一六八〇年から国王カール一一世によって「王領地回収政策」(Reduktionen)——売却された領地を貴族から回収する——がおこなわれるが、それは一六七〇年代のスウェーデンの危機的な（王室）財政を救済するためであった。このように一七世紀のスウェーデンでは、戦費調達を軸とする国家運営がなされた。「王領地回収政策」は、いわば「財政＝軍事国家」スウェーデンの財政問題解決のための一つの手段だったと考えられる。

オランダにおいても、スペインからの独立戦争（オランダ独立戦争。八十年戦争ともいう）の過程で、国債の発行など、財政上のさまざまな改革が進んだ。むろんオランダの財政改革は、当時のヨーロッパでもっとも進んだものであった。近世のオランダが他のヨーロッパ諸国に先駆けて金融制度を発達させたのも、独立戦争により軍事支出が増大するのに対処したためである。

ここにあげた事例からも判明するように、一七世紀のヨーロッパでは、戦費調達のため、いたるところで増税がおこなわれた。その税金は、「主権国家」形成のために使用された軍事支出を意味したということさえできるのである。

オランダの財政

オランダの財政史研究をリードしてきた人物の一人は、アムステルダム大学のマーヨレイン・タールトである。彼女が一九九三年に上梓した『ブルジョワ国家の勃興』では、オランダはホラントがもっとも有力だったものの、他の州を圧倒できるほどの力まではなかったと述べた。彼女はオランダの連邦制＝地方分権制を強調し、一七世紀には国民経済は誕生していなかったと主張した。

オランダでは、全国的規模で徴収される税金は塩税だけであり、たしかに消費税による税収は大きかったが、それは州ごとに課されていた。州によって、財政制度に少しずつ差があった。

また、タールトとともにオランダ財政史研究を牽引してきたヴァンチェ・フリッチーによれば、一七世紀中葉の「黄金時代」のオランダは、ヨーロッパで一人当たりの税負担がもっとも大きな国であった。一七〜一八世紀オランダの一人あたりの税負担は、イングランドとフランス以上のスピードで増えた。階層別に見ると、富裕層よりもむしろ中産層（Middle Class）が、より多くの課税負担を負わされていた。それにもかかわらずオランダが繁栄できた大きな理由は、貿易にかかる税金が少なかったからにほかならない。さらに、一六〇九年に創設されたアムステルダム銀行も、イングランド銀行とは異なり、共和国時代には、中央銀行にはならなかった。このようにオランダは共和国が消滅して王国となるまで、州のゆるやかな連合体から構成される非中央集権的な国家であったのである。この点に、イギリスとの最大の相違が見られる。

オランダでは州ごとに公債を発行していた。また二百分の一税（公債購入額に対する〇・五％の税率）や百分の一税（公債購入額に対する一％の税率）が公債に課されたことで、公債の実質的な利子率は低下していった。そのため、政府が支払わなければならない実質的な公債の利子率は、前者では〇・五％、後者では一％低下することになった。公債購入者層が拡大し、都市の有力者にとどまらず、船長などの水夫、職人層、さらに徒弟さえも公債を購入することは珍しくなかった。またしばしば女性が財産として長期公債を保有していることがあり、連邦債とホラント州債の四〇％を女性が保有していた。

オランダが金融上の革命に成功した要因の一つは、このように早くから利子生活者（ランティエ層）が形成されており、借金をすることが容易であったことにある。一七世紀のオランダはすでに公債が社会の隅々にまで浸透した社会であり、その点で、一八世紀のイギリスと似ているばかりか、現実にはイギリス以上の「公債社会」だったと考えられる。そしてオランダは独立戦争の過程で、ホラント州を中心とする非中央集権的国家を作り上げ、また軍事費の増大に対処するために金融制度の改革をおこなったのである。

イギリスの財政革命は、イングランド銀行をつうじて長期債を発行することで成し遂げられたが、オランダ共和国の財政革命では短期債が増大し、短期債を何度も借り換えしたのである。フリッチーは国家形成における都市の役割を重視し、「公債を維持する都市の能力が、数多くのヨーロッパ諸国の国家形成の過程で、重要な役割を果たした」と述べている。

オランダ共和国の「国家財政」は、基本的に構成単位である自治州の歳入と支出の合計から成り立っていた。州税として消費税がかけられ、これが税収の中核をなした。一般財源は、徐々に諸州に課せられるようになった。公債については、一・五％税（公債購入に対する一・五％の税）が導入されたので、実質的な利払いはさらに少なくなった。戦費は、一七世紀から一八世紀にかけて増大したが、大きな財政問題に直面した。ホラントでは、共通財源の増大は、とりわけ一五七四〜一六四五年にめざましかった。戦争のため借金をした諸州が、債務不履行に陥ることもあった。臨時不動産税も導入されるなど、税負担は重くなっていった。ホラント州の税負担が重すぎたことが、一八世紀には、同州の経済衰退を招いた。

一八世紀の戦争――イギリスとフランス

とはいうものの、一七世紀の戦争は、私の考えでは、一八世紀の戦争ほどには「財政＝軍事国家」形成のうえで大きなインパクトは与えなかった。

近代ヨーロッパ世界の大きな特徴の一つに、ヨーロッパ外世界への進出があることは言を俟たない。むろんそれは大航海時代以降現代にいたるまでかなりの長期間続いたわけであり、本格的には一九世紀のことであった。ヨーロッパの世界支配は、一九世紀になってようやくはじまったものと考えるべきであろう。

しかし軍事史から見れば、一八世紀は、ヨーロッパ人がヨーロッパ外世界ではじめて戦争をおこなった点に、それまでとの決定的な相違がある。スペイン継承戦争は北米大陸ではアン女王戦争と呼ばれた。さらにオーストリア継承戦争や七年戦争では、北米やインドで英仏の抗争があった。アメリカ独立戦争には、ヨーロッパのいくつかの国が参加した（表4－2参照）。

ヨーロッパ外世界での戦争遂行のため、戦費はうなぎのぼりに上昇した。戦費の調達こそ、一八世紀ヨーロッパの諸国家が直面した課題であった。それはヨーロッパ内部で戦争をしていた一七世紀とはまったく違う規模の衝撃を、ヨーロッパ諸国に与えたはずである。

あとで述べるように、ヨーロッパ外世界への拡大には、多くの国が参加した。たとえばデンマークという北欧の小国でさえ、カリブ海やインドに植民地をもっていた。スウェーデンも、イェーテボリを根拠地としてスウェーデン東インド会社（一七三一年創設）をつくった。オランダも東インド会社や西インド会社によって、大規模な貿易活動をおこなった。しかしながら、一八世紀におけるヨーロッパ外世界への拡大のイニシアティヴを握ったのは、やはり英仏であった。ヨーロッパ外世界への勢力拡大に際して、ヨーロッパ外世界での戦争は、どの国にもましてこの二国に大きな財政問題を引き起こしたことに疑いの余地はない。英仏ともに、戦費の調達が国家財政上なおいっそう重要な事柄になってきたのである。

イギリスがフランスとの植民地争奪戦争に勝てた大きな理由の一つは、戦争に必要な資金を短期間に調達できたことにある。

表4-2　18世紀ヨーロッパのおもな戦争

戦争名	戦争期間
大北方戦争	1700～1721年
スペイン継承戦争	1701～1714年
ポーランド継承戦争	1733～1735年
オーストリア継承戦争	1740～1748年
フレンチ・インディアン戦争	1755～1763年
七年戦争	1756～1763年
アメリカ独立戦争	1775～1783年
第一次ロシア・スウェーデン戦争	1788～1790年

実際、イギリスは巨額の借金をしながら、一八世紀の戦争を戦いぬいた。

英仏の差は、両国の資金調達能力の差でもあった。イングランド銀行が存在していたイギリスと、それに対応するような機関がなかったフランスとでは、資金調達能力に決定的な差があったのだ。

それを如実に示したのが、一八世紀初頭にほぼ時を同じくしておきた、南海泡沫事件とジョン・ローのシステムの崩壊からの、英仏の立ち直りの違いであろう。あとで述べるように（本書一三九頁参照）イギリスは南海泡沫事件の打撃から立ち直ったのに対し、フランスはジョン・ローのシステム崩壊の痛手から立ち直ることができなかった。その理由の一つは、資金調達能力の有無に求められよう。すなわち、オランダの資金はイギリスに流れ、フランスには向かわなかったのである。

イギリスとフランスの税制の違い

英仏比較財政史の先駆けとなったマサイアスとオブライエンの研究によれば、一八世紀において、イギリスは主として間接税に依存していたのに対し、フランスは直接税の比率が高かった（表4－3参照）。

もう少し詳しく述べると、イギリスは間接税のなかでもとくに内国消費税による税収を高めていったのである。

一六九〇年代において、イギリスの国家歳入のなかでもっとも多かったのは地租であった。しかし、以後、イギリスでは内国消費税の比率が大きく増大する。一七〇〇年には約一〇億ポンドであったイギリスの内国消費税額が、一七八〇年には六〇億ポンド近くにまで増大している。一方、同

表4-3　イギリス、フランスの直接税・間接税比率　(単位:%)

年度	直接税		間接税		その他	
	イギリス	フランス	イギリス	フランス	イギリス	フランス
1715	27	61	69	34	4	5
1720	26	−	69	−	5	−
1725	20	48	76	47	4	5
1730	24	48	73	47	3	5
1735	17	59	81	37	2	4
1740	26	48	73	47	1	5
1745	32	57	66	39	2	4
1750	28	−	71	−	1	−
1755	21	46	76	45	3	9
1760	26	−	72	−	2	−
1765	22	54	75	42	3	4
1770	18	50	75	45	7	5
1775	18	49	77	47	5	4
1780	21	45	73	51	7	4
1785	18	48	76	46	6	6
1790	17	38	75	51	8	11

じ期間に、関税額は約一〇億ポンドから約二五億ポンドに増加し、地租額は約一〇億ポンドから二〇億ポンドに増加している。

地租と内国消費税を比較すると、後者のほうが経済の成長に応じて増加させることがはるかに容易である。内国消費税額を増大できなかったフランスと比較すると、イギリスの優位は明らかであり、この点に、両国の戦費調達能力の差が読み取れよう。すなわち、イギリスは借金をしても、内国消費税の増収により返済することが可能であったが、フランスにはそれができなかったのである。そもそも地主の勢力が圧倒的に強いイギリスで、地租を上げることはかなり難しかった。そのため、間接税、とりわけ内国消費税に税収を頼る必要があったということも理由であった。

フランスの逆がまさにイギリスであり、

オランダから借金をすることに成功し、「財政＝軍事国家」として存在することができたのである。

「イギリス税制のポリティカル・エコノミー」

パトリック・オブライエンは一九八八年に「イギリス税制のポリティカル・エコノミー」を著し、王政復古からナポレオン戦争終結までのイギリス税制について論じた。この論文は、おそらくヨーロッパの財政史研究の中でもっとも重要な論文なので、その内容についてやや詳しく紹介しておこう。

オブライエンの問題意識の根底にあるのは、なぜイギリスが巨額の借金をしながら経済成長を実現できたのかということである。

王政復古からナポレオン戦争終結までのイギリスは、対仏戦争を中心とした戦時財政が財政の基盤であった。戦争遂行のために国債を発行し、その返済のために、税金を主として国内の商品へかけた。一八世紀のイギリスは商業革命により目覚ましく貿易量を増大させたことは事実だが、輸入品に関税をかけるというよりも、むしろ内国消費税として国内で生産された商品に課税し、その税収をもとに借金の返済をしていこうと試みた。

内国消費税は、貧民の生活必需品を慎重に避けながらおもに奢侈品にかけられた。すなわち、需要の所得弾力性が高い（所得が上昇すれば、それ以上に購入が増える）商品とサービスにかけられたのである。所得弾力性が高いということは、長期的には、当該製品に対する需要が、所得の増加以上のスピードで増大することを意味しており、たとえばビール、石炭、石鹼、皮革、ガラスなどに税金がかけられたのである。イギリスの税収が貧民に大きな課税負担をかけることなく経済成長以上のスピードで増大した理由は、このように所得弾力性の高い商品へ内国消費税をかけたことにあった。

では一八世紀のイギリスで誰がもっとも重い課税負担を負っていたのだろうか。その問いに明確な解答を引き出すことは難しい。税の負担率でみると、貴族・ジェントリの税負担は減少傾向にあり、一方で貧民に対する課税は免除されることが一般的であった。ここから、その中間にあたる人々＝中流層（Middling Sort）とよばれる人々が、相対的にみてもっとも多くの税負担を負っていたという結論が導きだせる。もっとも、一七九三年にフランス革命軍との戦争に直面すると、内国消費税に大きく依存する戦時財政運営に大きな変化がもたらされた。

一七九七年には公債発行額が膨大なものとなったために、イギリスの公信用に危機的な状況が迫り、政府の有価証券の価格が低下していく。そのため一七九九年に小ピットは所得税（Income Tax）を導入し、上流階級への税を増やした。この措置により上流階級の税負担が増し、中流層とのあいだの税負担の格差が多少なりとも小さくなった。しかしながら、この措置はあくまでも対ナポレオン戦争を遂行するための緊急措置であり、ワーテルローの戦い（一八一五年）が終わると、たちまち廃棄されるのである。したがって、一八世紀のイギリスの税制の根幹をなしていたのは、一貫して内国消費税あるいは関税を含めた間接税であったと結論づけることができるのである。

オブライエンのパラダイムとその影響力の限界

このようなオブライエンの議論は、イギリス経済史にかんする新しいパラダイムを提供した。オブライエン以前の近世イギリス経済史のパラダイムを長く支配していたのは――といって現在も時代遅れになったわけではないが――フィッシャーの論であった。イギリス経済史において、一六～一七世紀は、経済史の史料がきわめて乏しい暗黒時代といわれる。フィッシャーは、この時代にロンドンが成長し、それまで後進地帯であったイングランド北西部が発展したため、国内交易が促進されたことが重要であるといった。またフィッシャーは、イギリスとヨーロッパ大陸の関係性を重視した。具体的には、ロンドンからアントウェルペンに輸出される毛織物を重視した（本書八二頁参照）。

それに対しオブライエンが重視するのは、財政史研究により、より多くのデータが提出されていることである。政府の政策（この場合は基本的に財政政策）＝公共政策と、「税はだれが負担するのか」という問題は、経済史のみならず、政治史、社会史との接点になる。このように主張するのである。フィッシャーとの相違は、「比較史」の強力な視点をもっている点にあろう。

財政史は当然経済史の一部であるし、政府がだれに税を負担させるのかという問題は、政治史の一部になる。そして税負担をめぐる確執などは、国家権力を中軸とした社会史のテーマにもなる。しかもオブライエンは、ヨーロッパ各国で軍事費の増大によって国家財政が肥大化していくという視点から比較史を考えているのである。事実、現在のヨーロッパ史研究において、財政史研究はめざましい勢いで発展している。

オブライエンの「イギリス税制のポリティカル・エコノミー」は、おそらく財政史、いや近世の経済史研究でもっとも多く引用されている文献である。その理由は、何よりも「長い一八世紀」（一六八八～一八一五年）のヨーロッパを財政面から比較するという観点を打ちだしているからだと思われる。しかしそれはまた、各国の関係性という視点を失わせることにつながったといえよう。いや、そもそもヨーロッパ人研究者は、「関係性」という見方をあまりとらないのだから、オブライエンの主張は、ヨーロッパの歴史研究のスタイルに合致していたということになろう。さらにこのような研究からは、支配＝従属関係という発想は生まれない。

残念ながら、オブライエンの議論の真意は、欧米の歴史・経済史学界で理解されているとはいいがたい。財政政策と経済成長の関連をめぐり、オブライエンは長年にわたって研究し、さまざまな学会や研究会で発表してきた。にもかかわらず私のみるところ、ほとんどの研究者は、国家財政に占める軍事予算の大きさに目がいくだけであり、その返済と経済成長のためにイギリス政府がとった政策が、どれほど有効であったのかということにまで理解がおよんでいない。したがってイギリスにかぎらず、財政面での比較史を意識するさまざまな国の研究者でさえ、各国の財政政策と経済成長の関係については論じないことが大半である。

イギリス人のフランス史家としてもっとも著名なリチャード・ボニーが、かつて私に「オブライエンの『イギリス税制のポリティカル・エコノミー』は、だれもが引用するが、ほとんどの人間は彼の議論の根幹を理解せずに引用している」と語ったことからも、オブライエンの議論が、現実にはほとんど理解されていないことがおわかりいただけよう。たしかに財政史の研究は進んだ。しかしそれは、基本的にオブライエンが意図した方向には進んでいるとはいえないのである。欧米の経済史学界は、ヨーロッパが借金をかかえながら、なぜ経済成長することができたのかという根本的な問いを忘れているように思われる。

フランスの財政――ジョン・ローのシステム崩壊と南海泡沫事件

パトリック・オブライエンがイギリス財政史研究の代表的人物であるとすれば、フランス財政史研究の代表的人物は、右に述べたリチャード・ボニーである。

ボニーによれば、一七世紀初頭から一八世紀初頭にかけ、フランス国王の支出は大きく増大し、その主要な要因は戦争であった。さらに一七世紀前半から一八世紀にかけ、フランスの財政政策は大きく混乱した。頻繁に蔵相が変わったことがその一因である。フランス財政が破綻したのは、必要な時に信用がえられなかったからである。しかし一七八三年の時点では、フランスの負債額はイギリスよりも少なかった。だが税収に占める利払い額でみると、フランスはイギリスよりも高かったのである。

借金返済のために、アンシアン・レジーム期とフランス革命期のフランスでは財政危機が常態化しており、何度も債務不履行を繰り返した。フランス革命政府が不換紙幣であるアシニア紙幣（革命で没収した教会財産を担保にした国家債権。もともとは利子五％付きだったが、すぐに不換紙幣になった）を導入したため、大インフレが生じたのである。さらにナポレオン戦争以後も、フランス議会の支出は大きく増えたのである。

ボニーはまた、フランス革命の際に、通常の歳入が急速に拡大したことを示している。さらに、フランスでは官職を保有することへの意欲が他国よりもはるかに大きかったと指摘し、フランスが直接税を中心とするアンシアン・レジーム期の財政制度から脱し、近代的国家財政制度へ転換していくのは、一七八九年ではなくナポレオン戦争が終了する一八一五年以降のことであると主張する。

実際フランスで消費税が重要になるのは、一九世紀のことにすぎない。

フランスでは一七一〇年に十分の一税が導入されたが、当時の政治状況や社会的態度が原因で、直接税による歳入は増えなかった。そのため同税の導入から約一〇年後、スコットランド人ジョン・ローによる、いわゆるジョン・ローのシステムが導入された。このシステムは、増大する財政赤字を解消することを目的として王立銀行が銀行券を発行し、これを特権貿易会社であるミシシッピ会社が引き受けて政府に貸付をし、政府はその資金を元手に財政支出やそれまでの債務の償還をおこなうというものであった。ミシシッピ会社は、大量の国債を引き受けることになるが、ローは、それに加えて不換紙幣の発行も実施している。これを受けてミシシッピ会社の株価は、一時的に急騰することになるが、すぐに急落し、このシステムは崩壊してしまう。

ジョン・ロー（1671〜1729年）

フランスにおけるジョン・ローのシステムの崩壊は、イギリスにおける南海泡沫事件（一八世紀はじめのロンドンの投機ブームとその破綻）と似ている。フランスはミシシッピ会社が、イギリスは南海会社が国債の購入を引き受けた。しかしながら、決定的な違いは、フランスは不換紙幣を発行したのに対し、イギリスは金本位制に留まり続けた点にある。またアシニア紙幣は、フランスに大きなインフレをもたらした。

ミシシッピ会社と南海会社のどちらも、株価が一時的に急上昇し、その後急下降して、経済を大混乱に陥れた。ジョン・ローのシステムの崩壊はフランスに、南海泡沫事件はイギリスに暗い影を投げかけた。けれども、イギリスはこのショックから立ち直ったのに対し、フランスはそれに失敗した。その理由として一般的には、イギリスでは議会が国債の償還を保証したのに対し、絶対王政下のフランスでは、そのような保証が欠如していたことがあげられている。もっとも、これは実証的分析により証明された事実ではない。

さらに南海泡沫事件以降、オランダ資金はフランスではなくイギリスに向かうようになった。こう考えると、この事件があったからこそ、イギリスはイングランド銀行を中心に財政制度が一本化され、経済成長ができたと考えられるかもしれない。

スカンディナヴィア地域の財政

スカンディナヴィア地域でも、国家財政史研究は盛んである。たとえばペテルセンが「領有国家から租税国家へ」という論文のなかで、デンマークの国家財政の拡張を主張した。デンマークでは、一六五〇年代のスウェーデンとの戦争のために王領地が売却され、地租収入が増大したといわれている。スウェーデン史家ヤン・リンデグレンは「スウェーデン軍事国家——一五六〇年から一七二〇年まで」において、スウェーデンの軍事問題をクローズアップさせた。一六一一年にグスタヴ・アドルフが王位に就くと、彼は急速に領土を拡張していく。そのためスウェーデンは膨大な戦費を抱えることになり、その調達手段として王領地の多くが売却された。さらにフランスからの援助金を頼み、オランダからの借金で戦費が賄われたのである。人口が希少なこともあり、軍事費はスウエーデンの国家財政を大きく圧迫していたといわれている。

スウェーデン海事史家のレオス・ミュラーは、貿易成長と国家財政の関係に興味を抱いている。彼の考えでは、植民地物産が流入し、それにかかる関税が、国家形成の重要な基盤となった。その根底には、海外貿易の発展と国家財政の発達とをリンクさせようという考えがあることは言を俟たない。

「大国の時代」とよばれた一七世紀スウェーデン経済の特徴は、戦争でできた借金を戦争で返済する点にあった。これが、スウェーデン史上有名な「戦争が戦争を育む」と名づけられた状態である。戦争遂行に必要な資金を確保するために、スウェーデン王室は王領地を大機貴族に売却することを余儀なくされた。そこで一六五五年の議会で国王カール一〇世が「四分の一回収政策」を決議し、貴族に譲渡・売却された王領地の四分の一が王室に回収されることになった（王領地回収政策）。

これは、貴族ではなく平民の支持を取り付けて国王が権力を行使するという、スウェーデン型絶対主義の直接的な萌芽になった。しかしデンマークと争ったスコーネ戦争（一六七五〜七九年）では、国内の人的・物的資源を極限まで動員した戦争でありながら、勝利にはつながらず、ここに財政力の弱さが露呈した。

そのため、一六八〇年代にはさまざまな財政改革がおこなわれた。王領地回収政策は拡大され、さらに多くの王領地が王室のものとなった。その結果、中小貴族の権益の確保と平民諸身分の社会的不満の除去に成功した。財政難もおおむね回復し、スウェーデンは恒常的な軍隊をもつようになった。

一七世紀ヨーロッパにおける諸国家間の争いを通じて、スウェーデンは財政基盤を固めていった。戦争が続く一七世紀のヨーロッパにおいて、スウェーデンが国王を頂点とする「絶対主義」体制を保持できたのは、一六八〇年に王領地回収政策をはじめとする財政改革に成功したからである。

3　国家と商業との関係

商人のネットワーク

主権国家の誕生により、「国家」の役割がそれ以前の時代と比べて非常に大きくなった。一八世紀になると、イギリスに代表されるように、いわゆる国民国家が形成されていく。そして主権国家の生誕に際し、国境のない商人の世界を通して流れる資金が重要な役割を果たした。いわば「実態」としての国境なき商人の世界が、フィクションとしての「国民国家」の形成に大きく寄与したということができよう。

近世のヨーロッパは、この二つ——国境のない商人の世界と国境を形成する「国家」——が重層的に存在している世界ととらえられるのである。このどちらを軽視しても、近世のヨーロッパ史研究としては手落ちというものであろう。

これまでの一般史研究では、あまりに国民国家の形成ばかりが重視され、国境を越えて活躍する商人のネットワークについてはほとんど注意が払われてこなかったように思われる。そしてまた商業史家は、主権国家と商人ネットワークの関係については、あまり興味をもっていなかった。しかしこの二つの交差は、近世ヨーロッパ史研究で無視することはできないのである。

よく知られているように、近世において、ハンブルクからボルドーに移住したプロテスタント商人たちがいた。また、フランスのジョン・ローのシステムを考案したジョン・ローは、スコットランド人であった。商人が国境を越えて活動するのは、むしろ当然のことであり、彼らに「国境」という概念自体存在していなかったのかもしれない。

近代国家の形成には、主として軍事支出の増大にともなう資金の獲得が必要とされた。それは、国境のない商人の世界を通し、国境を越えて流通する資金の流通があってはじめて可能になったのである。

「軍事革命」によって軍事支出が急激に増大し、それによって「財政＝軍事国家」が誕生した。「財政＝軍事国家」は近代国家のはじまりであり、その最大の成功例がイギリスであった。

貿易からみたイギリスとフランスの経済

英仏の差は、両国の資金調達能力の差でもあった。イングランド銀行が長期債を発行し、その返済をイギリス議会が保証するというファンディング・システムがあったイギリスと、そういうシステムを欠いていたフランスとを比較するなら、たしかにそういう見方ができよう。

英仏の資金調達能力の差異についてはすでに触れた。内国消費税が税の中心であったイギリスは、借金をしても、経済成長率以上に税収が増えたのでそれを返済することは比較的容易だったのに対し、地租に基盤をおくフランスは、経済が成長したとしても税収は増えず、借金の返済は容易ではなかったのである。

とはいえ、この時代の経済成長率を正確に測定することは不可能だと思われる。ここでは、経済成長の適切な指標である貿易額の推移をみることで、両国経済の類似点と相違点について論じたい。

一八世紀の英仏は、どちらも大幅に貿易量を伸ばしたということは常識になっているとさえいえる。周知のように、王政復古以後のイギリスは、「商業革命」とよばれるほど、飛躍的に貿易量を増やした。図4－1にあるように、E・B・シュンペーターによれば、一七〇一～〇五年にはイギリスの年平均輸出額（再輸出を含む）が五七七万九〇〇〇ポンドであったのが、一七七六～八〇年には、一一七九万二〇〇〇ポンドと、二倍以上の伸びを示した。同期間の輸入額は、年平均四五七万一〇〇〇ポンドから一〇四〇万一〇〇〇ポンドへと、これも二倍上に伸びている。

では、フランスはどうか。服部春彦によれば、フランスの輸出額は、一七一六～二〇年が年平均九〇八〇万リーヴルだったのが、一七八七～八九年には、年平均四億四八二〇万リーヴルとなり、約五倍の増加をみせた。一方、輸入額は、同期間に六四三〇万リーヴルから五億四九二〇万リーヴルと、約八・六倍に増加している（図4－2参照）。

ここから判断するかぎり、イギリスよりもフランスの貿易額の上昇が顕著である。フランスの貿易そのものの水準がもともと低かったという事実を考慮しても、フランスの貿易額のほうが、めざましく上昇していることはたしかである。だとすれば、なぜフランスはそれを国内経済の発達にうまく利用できなかったのかという疑問が生じることであろう。

そもそもフランスの国土はイギリスの約二倍であり、人口はずっと多く、二～四倍であった。フランスがイギリスと同じだけの貿易額であるとすれば、国民一人あたりの貿易額ははるかに少ない。また、フランスのアメリカとの貿易は、サン・ドマング（ハイチ）との貿易に特化していたことも言及しておくべきであろう。サン・ドマングから輸出された砂糖やコーヒーは、フランス

図4-1 18世紀イギリスの輸出入額（年平均）（単位：1,000ポンド）

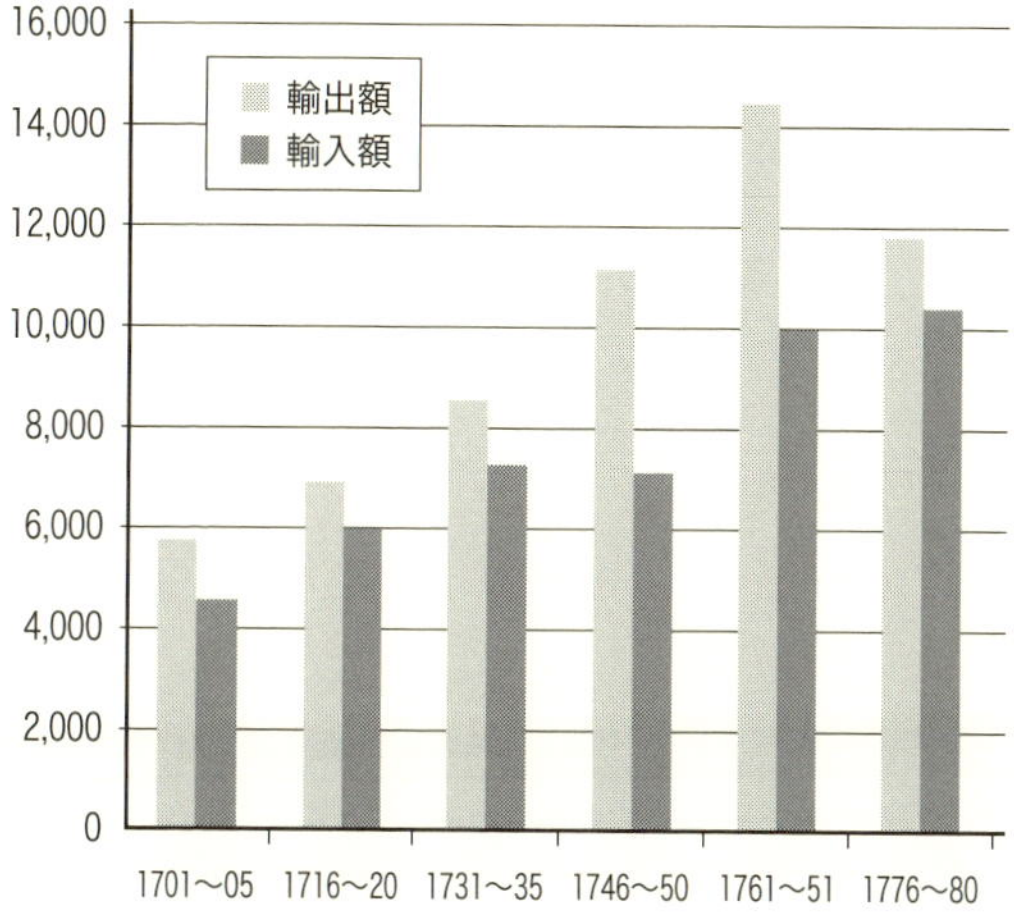

図4-2 18世紀フランスの輸出入額（年平均）（単位：100万リーヴル）

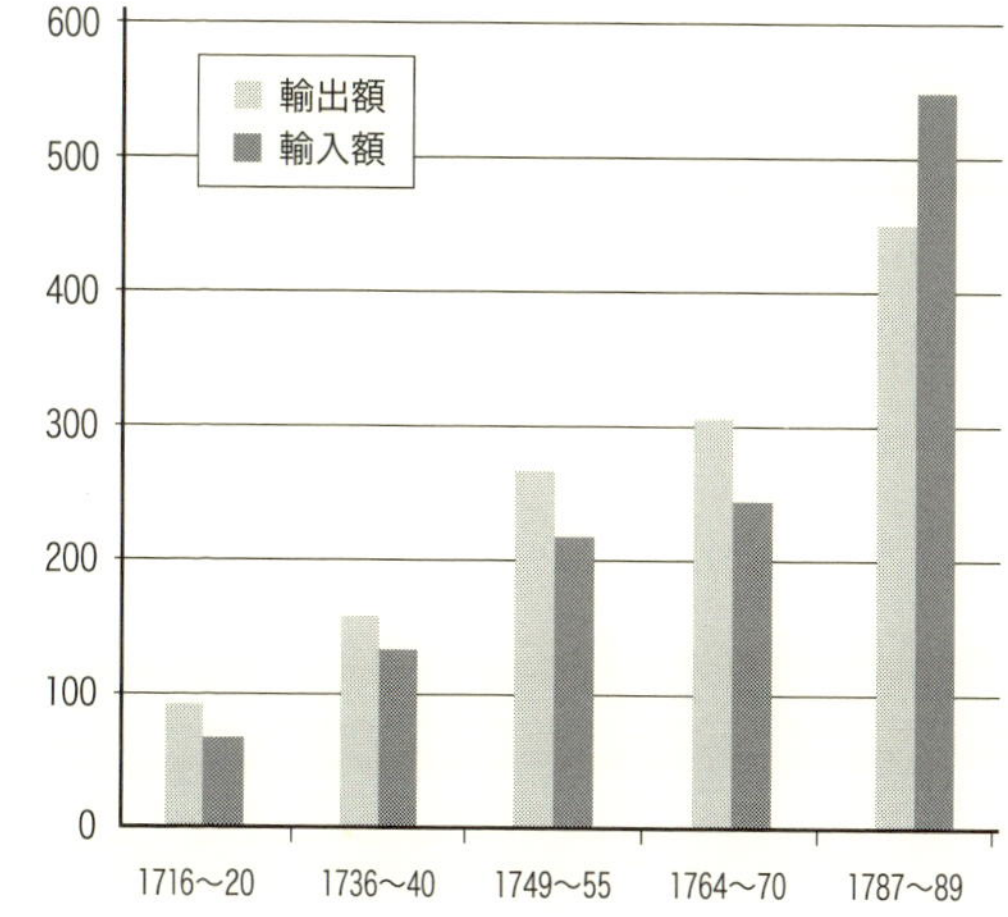

国内にとどまるものもあったが、かなりの部分はアムステルダムないしハンブルクに再輸出された。

一方、イギリスが西インド諸島、とりわけジャマイカから輸入された砂糖の多くは、国内で消費された。植民地と本国との経済的結びつきが、イギリスよりもフランスのほうがずっと弱かったと考えられる。イギリスと比較するなら、フランスは帝国の一体性が少なかった。より正確にいえば、フランスの貿易発展は、イギリスほどには国内経済の成長につながらなかったと推測されるのである。

商業史と国家との関係

では次に、ヨーロッパの国家財政史研究の課題と展望について、商業史と国家論の研究にかんする近年の注目すべき動向を踏まえながら若干述べてみたい。

現在のところ、日本の西洋史学界において国際商業史研究が大きな地位を占めているとは言い難い。国民国家の枠組みが疑問視されて久しいが、いまだ歴史学研究では、国民国家の枠組みを越えた研究はなかなか出てこない。財政史研究も、ある面では国家の枠を越えていない。だが、国家財政の研究は、決して一国史研究では完結しない。戦争を遂行する近世国家は、そのために国外から資源を動員しなければならなかったからだ。

ここで疑問として生じるのは、それがどのようにして可能になったのか、ということであろう。その答えは、「商人・金融業者の手を通じて」というほか考えられない。

国家の形成には、先述したように、国外から資源を動員する必要があった。そのためには、国際商人の力を借りなければならなかった。したがって各地に離散した商人のネットワークがなければ財政国家形成もありえなかったはずである。現在の財政史研究には、いわばこの横のつながりの研究が欠けているように思われる。

貿易商人のネットワークは、そもそも国民経済の領域を越えて機能していた。「国家」が形成されるにあたり、彼らのネットワークを通じて、カネはもちろん、その他の戦争遂行に必要な物資が調達されたと考えられる。

経済成長における国家の役割

経済成長における国家の役割を軽視すべきではない。もし国家が商業活動を保護しなかったなら、近世ヨーロッパの経済成長はなかっただろう。パトリック・オブライエンによれば、国家は、軍事力により商業を保護し、経済成長を促進したのである。換言すれば、経済成長に必要な「制度」を産み出したのが、国家による政策であり、最大の成果をおさめたのがイギリスであったと力説しているのである。

一七世紀の戦争と異なり、一八世紀の戦争はヨーロッパ以外の地域でもおこなわれた。イギリスとフランスが一八世紀の戦争で中心となったのは、この二国がそれに耐えうる規模の国家財政を有していたからにほかならない。このように考えると、経済を成長させるという点で、フランスの財政制度は、イギリスと比較すると劣っていたが、他の国よりは良かったかもしれないのである。

両国の財政史研究は、国家の枠組みを超えた広がりをもつ。むろん、それは他国にもあてはまる。国境を越えて活躍した代表例として商人があげられる以上、国家と商人ないし国制と商人の関係も、視野に入れて研究しなければならない。この点の重要性を、フランス史家の二宮宏之が晩年に強調したことをここで指摘しておきたい。

さまざまな社団ないし中間団体に属する人々は必ずしも国家の枠組みに統合される運命にあったのではなく、商人や金融業者は、国家の方針に反してまで連携したというのである。たとえば、フランスの社団は、フランスの六角形の国土を越えた広がりをもった活動をしていた。それが、他国にあてはまらないはずはない。

「国家の方針に反する」可能性のある社団を国家のシステム内部に取り込むことこそが、実は国家の運営には非常に重要だった。国境を越えた社会的結合を国家のシステムの一部にすることが必要であったことは、大いに強調すべき点である。ヨーロッパは領土を拡大し、イギリスをはじめとして、いくつもの国が「帝国」を形成した。それは、もともと国境を越えた存在であった一部の社団を、本国を中心とする帝国システムの内部に統合していく過程を意味した。

このようにして、国境を越えた社団は、国家のシステムの中に包摂された。帝国史研究には、このような視点も重要であろう。なぜならそれは、帝国の形成と国民国家の誕生、さらには帝国と本国との強い絆を説明できるからである。ヨーロッパ諸国の帝国形成と国民国家の誕生は、ほぼ同時期に進行した事象であった。その際、国家財政の問題が大きく関係している点に注目すべきであろう。この点で、イギリスこそ最大の成功をおさめた国家であった。

イギリスではイングランド銀行が国債を発行し、その返済を議会が保証するというファンディング・システムがうまく機能していた。イギリスが外国からの資金を引きつけた大きな要因として、この制度の成功がある。さらにイギリスは島国であり、ヨーロッパ諸国のなかで、戦争による被害を受ける可能性がもっとも低かったことが、外国人の投資家にとって魅力であったことと考えられる。それらが、イギリスに投資するための要因として機能した。

国民意識の形成

イギリスでは、対仏戦争を遂行していくことで、国民意識が生まれた。その様子は、たとえばリンダ・コリーの『ブリテン人』（邦訳は川北稔監訳『イギリス国民の誕生』名古屋大学出版会、二〇〇〇年）に描かれている。

一六八八〜八九年の名誉革命でフランスに亡命したジェームズ二世の子孫こそがイギリスの正統の王位継承者であるというジャコバイトの力は、イギリス国内でもかなり強かった。カトリックのフランスがイギリスを攻撃するという恐怖心はすこぶる強く、それに対抗するため、プロテスタントのイギリス人（ブリテン人）という意識が生まれたというのだ。

おそらくこれと同じようなことは、全ヨーロッパでみられた。戦争によって、国民意識が高揚することはいうまでもない。だからこそ、ヨーロッパで「国民国家」が誕生していったのである。

名誉革命とアムステルダム商人

アメリカの経済史家であるダグラス・ノースは、「新制度学派」とよばれる経済学を創始した代表的人物である。彼らの考えでは、経済が成長するためには、「財産権」の確保がなによりも重要である。もし政権が交替することで財産が没収されるなら、そのような社会では富の蓄積ができない。富が蓄積できる制度をもった社会こそ、「持続的経済成長」が可能な社会となる。

そのノースがバリー・ウェインガストとともに一九八九年に執筆した共同論文「国制とコミットメント」で、イギリスでは名誉革命により財産権が確保されることになり、そのために近代的な経済成長が可能になったと主張した。その後、彼らの研究は経済史研究に大きなインパクトを与えることになる。

とはいえ、彼らの研究は、現在では基本的に否定されている。名誉革命によって、急激に社会が変革したということはありえず、たとえばイギリスのこの革命以前から、すでに大きく変化していた。それどころか、財政史や国制史という観点からみるなら、内乱（ピューリタン革命）でさえ、それ以前から続いていた社会の変革の一部をなしたと考えられるのである。さらに、名誉革命以前から、イギリスの自立的な金融制度の発達もあったとされる。名誉革命がそれらを促進することがあったとしても、創出したことはありえないというのが、現在のイギリス史学界の立場だといってよい。それどころか、「名誉革命」とは、単なるクーデタにすぎないという見解さえ登場している。

たしかに、たった一回の革命やクーデタ、さらには国王がオランダ人になったことでオランダの経済制度が導入されたからといって、社会が根本的に変革することはありえない。したがって、ノースとウェインガストの論そのものが、現在では厳しい批判にさらされているのは当然である。しかしまた、たとえばアン・マーフィーに代表されるイギリス人研究者のように、一六八八年以前のイギリス金融システムの自立的成長を強調することにも無理があると思われる。

アムステルダムからロンドンへは、天候にもよるが、近世においては一日で航海できた。アムステルダム商人は大量にロンドンに流入した。残念ながら、その数は正確にはわからない。とはいえ、アムステルダムとロンドンの通商関係が緊密であったことは否定できない事実である。とすれば、アムステルダムの商業ノウハウ、金融上の知識やノウハウがイギリスに伝えられると考えるのは、ごく自然であろう。名誉革命以前の金融制度の発展には、オランダ人、なかでもアムステルダム商人が大きく関与したことは間違いない。イギリス金融市場の自立的な発展などありえない。

アメリカ人の経済史家ラリー・ニールは、『金融資本主義の台頭』において、計量経済史の手法を用いて、アムステルダムとロンドンの金融市場の関係が一八世紀においてますます緊密になっていくことを実証した。アムステルダムとロンドンの金融市場の統合は、この二都市の商人の行き来がさらに盛んになっていったことを示唆する。アムステルダムのほうが先進的な都市であったのだから、アムステルダムのさまざまな商業上・金融上のノウハウをロンドン商人が学んだことは想像に難くない。

一六八八年の名誉革命ないしクーデタは、それを促進したのである。

例外的なイギリス

イギリスが、世界に先駆けで産業革命を発生させたのはまぎれもない事実である。しかもイギリスは、フランスとの戦争を遂行しながら産業革命に成功した。だとすれば、戦争と産業革命の関係が重要視されて当然のはずである。イギリスは戦争があったにもかかわらず、それとも、あったからこそ産業革命に成功したのか。いったいどちらなのか。

ジェームズ二世がフランスに亡命する直前のイギリスでは、国民所得の三〜四％が税として徴収されていた。ジョージ一世が即位した直後（一七一四年）のハノーファー朝では、イングランドとスコットランドの国民所得の九％が税として徴収された。イギリスの税額は、それ以降もずっと上昇することはすでにみた。イギリスは戦争のたびに借金をし、そのために国債を発行し、その返済額はきわめて巨額になった。表4－4は、一八世紀にイギリスが経験した戦争と、それによる支出（所得と借金による）を示したものである。ここからわかるように、借金をしなければ、イギリスは一八世紀の戦争を勝ち抜けなかった。そして戦争があったからこそ、イギリスは産業革命に成功した。これが、現在のイギリス史学界における定説だといえる。

表4-4 イギリスの戦費負担　（単位：1,000ポンド）

戦　時	総支出	所得の比率（%）	借金の比率（%）
1688〜97年（ファルツ継承戦争）	32,643.80	67	33
1702〜13年（アン女王戦争）	50,685.00	69	31
1718〜21年（四ヵ国同盟戦争）	4,547.30	100	0
1739〜48年（ジェンキンスの耳戦争）	43,655.20	69	31
1756〜63年（七年戦争）	82,623.70	63	37
1776〜85年（アメリカ独立戦争）	97,599.30	60	40
1793〜1815年（フランス革命・ナポレオン戦争）	831,446.40	74	26

イギリスの財政は中央集権化した。イングランド銀行が国債を発行し、その返済を政府が保証するというファンディグ・システムは、戦争遂行のうえで大きな成果をあげたとイギリス人の歴史家はいう。このような効率的な戦争遂行システムは他国にはなかった。この点でイギリスは他国に大きく先んじていたのであり、だからこそイギリスは世界最初の工業国家になることができた。現在のヨーロッパ史では、このようなイギリスの特異性を「例外的なイギリス」(English Exceptionalism)とよぶことが多い。イギリスは、ヨーロッパ大陸より一世紀も早く、一八世紀の段階で、効率的な税制を特徴とする国家システムを形成していたのである。

イギリスの特殊性は貿易面においてもみられた。一八世紀のヨーロッパにおいては大西洋貿易の台頭が非常に目立った。またイギリスは、主として大西洋経済形成のため、フランスと何度も戦争をした。したがってイギリスの財政＝軍事国家と大西洋経済形成は、大きく関係していた。さらに他のヨーロッパ諸国も、大西洋貿易を大きく拡大した。そこで次章では、大西洋貿易についてみていきたい。

第5章　大西洋貿易の勃興とヨーロッパの経済成長
――各国の貿易と帝国間貿易

コロンブスが大西洋を横断し、新世界――より正確にはカリブ海――に到着したのは、一四九二年のことであった。現実にはアメリカ大陸はヨーロッパ人にとってまったく未知のものとはいえず、すでに漁師のあいだでは、ヨーロッパからずいぶん西側まで航海した場所に未知の大陸があるということは噂されていたといわれる。さらに、考古学的発掘により、紀元前一五〇〇年頃に、西アフリカの黒人が西インド諸島に渡ったことも明らかになっている。

しかし、コロンブスのアメリカ大陸の「発見」、さらにはそれに続くヨーロッパ人の大西洋を横断した諸活動によって、やがてヨーロッパが他地域を圧倒するほどの経済力・軍事力をもつことが可能になったという事実は、近代ヨーロッパの形成を考えるとき、それとは比べものにならないくらい重要である。とはいえ、大西洋経済の形成には、長い時間を要した。

一六世紀には、現在のボリビアにあるポトシ銀山をはじめとしてさまざまな鉱山が開発され、スペインを経由してヨーロッパに大量に銀が流入した。それは、当時ヨーロッパ最大の銀産出高を誇っていた南ドイツの銀生産量を大きく上回るものであった。そのためヨーロッパで銀の流通量が増え、物価騰貴を招いたという説さえある。

南米の銀は、アジアとの貿易赤字を補塡するために必要であった。南米の銀を輸出することで、ヨーロッパはアジアとの貿易をおこなうことができたのである。

だが、銀以外の新世界の物産がすぐに大量にヨーロッパに流入してきたわけではない。実際、イギリスにおいてさえ、新世界との貿易が北海・バルト海のそれを上回るのは、一八世紀後半のことだったとされる。おそらく一般的に考えられているのとは異なり、新世界からヨーロッパが輸入する商品が大きく増えたのは、ほとんどの国で、一八世紀、とくにその後半のことにすぎなかった。

このように長い時間がかかったのは、当時のヨーロッパの技術では、大西洋は大きすぎたからだというのが妥当であろう。また大西洋経済を形成するシステムは、ヨーロッパ人にとってまったく未知のものであり、完成までにはきわめて時間がかかったのは当然である。したがってパトリック・オブライエンが、大西洋経済形成の費用が、そこからえられた利益を上回るほど大きかったのかという疑問を提起したのも当然であろう。しかしまた忘れてならないのは、膨大な費用をかけて形成された大西洋経済なしには、産業革命もヨーロッパの台頭も考えられないということである。

1　大西洋経済の勃興

ヨーロッパの内海としての大西洋

大西洋という海を「ヨーロッパ人の内海」に変貌させるための時間と費用は、信じられないほど莫大なものだった。ヨーロッパ人は、奴隷をアフリカから新世界に運び、彼らにプランテーションなどで労働させ、そこで栽培した商品をヨーロッパに送った。これほど大規模で短期的な人口移動は世界史上はじめてであり、それを完成させたからこそ、ヨーロッパ経済は大きく成長した。言い換えるなら、それほどのコストをかけても、大西洋経済形成は、長期的にみれば、ヨーロッパ人に十分な利益を与えたのである。これが、先ほどのオブライエンの問いに対する解答でもある。

新世界を征服していった国は多数あるが、まずスペイン・ポルトガルというイベリア諸国が、ついでイギリスやフランスが征服していったのであり、イギリス・フランスという二大国が遅れて登場したことに注意しなければならない。しかも、たとえば七年戦争（一七五六〜六三年）の直後でさえ、北米大陸よりも西インド諸島のほうが経済的に重要だったことにも注目すべきである。

ようするに、一八世紀後半にいたるまで、大西洋経済とは基本的には（中）南米経済を意味したのであり、北米経済の重要性はそれと比較すると小さかったのである。そして一八世紀のヨーロッパが新世界から輸入した商品のなかで、おそらくもっとも重要なものは砂糖であった。さらにイギリスが輸入した綿花がイギリスで綿製品となり、産業革命を引き起こすが、大西洋貿易全体をみれば、それは例外的現象であった。イギリスの大西洋貿易だけが、最初の産業革命を生み出したのである。しかしいかに例外的であろうと、それが世界の歴史に大きな変革をもたらしたことを忘れてはならない。ただしここでは、大西洋貿易形成とイギリス産業革命――アフリカから北米に奴隷を輸送し、彼らが綿花を栽培し、それがマンチェスターに送られ綿織物となる三角貿易を含めて――については、前提条件として扱い、掘り下げて論じることはしない。

大西洋経済勃興の外観

一七世紀のヨーロッパ経済の中核がオランダであったとすれば、一八世紀になると、それは徐々にイギリスに移動していく。しかしながら、一八世紀のイギリス経済は、少なくとも表面上は、他国を圧倒するようには見えなかったはずである。

この世紀のイギリスの経済成長は、大西洋貿易との関係で論じられることが多い。アメリカ植民地との貿易増こそが、一八世紀イギリス経済の特徴を示すことはいうまでもない。砂糖、タバコ、さらには綿花がカリブ海ないしアメリカ南部の植民地で栽培され、そのための労働力として西アフリカから黒人奴隷が連れていかれた。このようなシステムこそ、イギリスが形成した新しい経済システムであった。

だが注意しなければならないのは、大西洋貿易の拡大は、なにもイギリスにかぎったことではなかった点である。フランス、オランダ、デンマーク、スウェーデン、スペイン、ポルトガルもまた、大西洋貿易に参画していた。あるいは、ハンブルクという小都市でさえ、奴隷貿易をおこなっていた。さらに第4章でも述べたように、現在では、フランスの大西洋貿易の成長率が、フランス革命直前にはイギリスのそれを上回っていたことが明らかになっている。

　東インドとの貿易に隠れて目立たなかったオランダの大西洋貿易も、現実にはかなり大きく拡大していたことが明らかになっている。一八世紀のオランダに富をもたらしたのは、東インド会社ばかりではなかった。

　北欧の小国であるデンマークとスウェーデンもまた、西インドに植民地をもち、積極的に大西洋貿易に乗り出した。デンマークは砂糖を生産し、さらに奴隷貿易をおこなった。スウェーデンは、アメリカ独立戦争期に中立貿易で巨額の利益を獲得した。

　スペインとポルトガルは、南米との貿易で巨額の利益をえた。おそらく、一般的イメージとしては、一八世紀のイベリア両国の経済は衰退を迎えていたと考えられているであろうが、南米からの砂糖、コーヒーの輸入は、大きく増えていたのである。

　こう考えるなら、やはり一八世紀の大西洋貿易拡大におけるイギリスの地位は、かなり過大視されているといってよいであろう。さらに、一八世紀にかんしては、北大西洋貿易と比較すると、南大西洋の研究ははなはだしく遅れている。両地域の貿易額を比較すると、南大西洋の貿易額のほうが多かった可能性すらあると私は考えている。しかもラテンアメリカからスペイン、ポルトガル、ないしフランスに輸入された植民地物産（砂糖、コーヒー、カカオ、染料など）は、多くの場合、ハンブルクに再輸出された。

　したがって、むしろ問題とすべきは、イギリスと他国との大西洋貿易システムの相違である。それは、ヨーロッパ内交易における、イギリスの特徴にも関係している。

大西洋貿易とヨーロッパ内交易

現在もなお、イギリスの大西洋貿易研究は、他国のそれと比較するなら、はるかに進んでいる。それゆえイギリスの貿易システムこそが典型的だと思われがちであるが、現実にはイギリスの貿易システムそのものが特殊であったことに注目すべきである。

一八世紀においても、ヨーロッパ内部においては、個々の商人は、国家の保護にあまり頼ることなく貿易ができた。一方、大西洋はバルト海や北海と比較するとはるかに大きいのだから、具体的な統計はないが、貿易に投下される資本はずっと多額であったと想定される。そもそもイギリスとフランスは、一八世紀をとおして新世界で植民地争奪戦争をおこなっていたのだから、大西洋貿易は、ヨーロッパ内交易に比べて、はるかに国家間の利害関係が強かった。

たしかに、商人は大西洋貿易に従事するとしても、国家というものをあまり意識することはなかったかもしれない。たとえばポルトガル領のマデイラ諸島から大西洋をへてアメリカに一八世紀に輸出されるワインを扱ったデヴィッド・ハンコックの『ワインの大洋』では、戦争の話がほとんど出てこない。商人は、非常に自由に貿易に従事できたという印象を受ける。

だが、大西洋のような広大な地域で貿易するには、国家の軍事力による保護が必要であった。商人が意識せずとも、国家が貿易活動に大きく介入してしたのである。商業面からみれば、一八世紀のあいだ、ヨーロッパ諸国は大西洋貿易を拡大するために戦争をおこなっていたのである。大西洋貿易の拡大によって、ヨーロッパははじめて世界的規模での経済戦争に突入したのである。

大西洋貿易とヨーロッパ内交易とでは、このような点で大きな差異がみられた。すなわち、一八世紀のヨーロッパ諸国は、新世界との貿易においては、ときには間接的だとしても国家の強力なバックアップを受けた貿易システムを採用したのに対し、ヨーロッパ内における交易では、いまだ自由な商人のネットワークが機能していたといえるのである。またヨーロッパ諸国は、大西洋貿易においては自国の船を使っていたとしても、北海・バルト海においては、他国の船を使うことも多かった。不正確ではあるがわかりやすい表現を用いるなら、大西洋貿易は規制貿易（regulated trade）、北海・バルト海貿易は自由貿易（free trade）であった。しかし、イギリスにはこの法則はあてはまらない。

2　大西洋貿易の特徴

大西洋貿易と砂糖・奴隷

一九八三年に上梓された川北稔『工業化の歴史的前提』（岩波書店）は、いまなお日本の近世イギリス史研究のパラダイムを形成している学説である。近世のイギリスは「帝国」としてとらえられ、支配階層はジェントルマンであり、「帝国」と「ジェントルマン」は、切っても切り離せない関係にあったとする。たとえイギリスの国内史を研究するとしても、植民地との関係を切り離して論じることはできない。そのイギリスの帝国の核は、本国を別とすれば西インド諸島にあった。

川北の学説の多くはこんにちも受け入れられている。たとえばその最大の成果の一つは「イギリス帝国史研究会」が形成されたことであり、イギリスを「帝国」としてとらえる視点が当然のものとみなされている。

しかしその一方、西インド諸島をイギリス帝国の核とする見方は、あまり研究が進んでいない。イギリス帝国史の研究者の多くは、一九～二〇世紀を研究対象としているからである。

西インド諸島には多数の奴隷が労働していたわけであるから、比較史の観点からは、新世界へのアフリカからの奴隷輸送との関係の研究は、本来きわめて重要なはずであるが、現実にはあまり進んでいない。

さまざまな国が、大西洋貿易を増加させた。北大西洋貿易においてはイギリスとフランスが、南大西洋貿易においてはポルトガルとスペインがその代表である。川北のテーゼのうち、「ジェントルマンの支配」という点は、他国とは直接関係ないが、一八世紀の大西洋貿易拡大＝大西洋帝国の形成という点では共通している。このような基盤をもとに、さらに各国がどのような点で類似しており、違っているのかをみていこう。

奴隷貿易

奴隷貿易についても、イギリスの研究が圧倒的に多く、ヨーロッパ全体を見据えた研究はほとんどない。しかし、現在では奴隷貿易にかんするデータベースがあり、そのバイアスを修正してくれる。ここで取り上げる数値自体、その信憑性には当然疑問があるが、おそらく現在のところこれ以上にまとまったデータはなく、このデータベースを出発点とすることに大きな問題はないであろう。

図5－1は、奴隷輸送船の船籍ごとの奴隷の人数を表す。まず驚くべきことに、当初はスペイン船やポルトガル船による奴隷輸送の比率が高い。さらに、ポルトガル船が輸送する奴隷の総数がもっとも多い。これは、おそらく一般の印象とは大きく異なることであろう。イギリス船がポルトガル・ブラジル船よりも多いのは、一七二六～一八〇〇年にすぎない。イギリスの奴隷貿易が他を圧倒しているというイメージは、ここからきたのかもしれない。また、一八世紀にはフランス船による奴隷輸送数も多い。これは、イギリスと同様、フランスも一八世紀に大西洋貿易を拡大したのであり、スペイン、ポルトガルと比較すると、新世界への進出が遅かったことを示す。

さらに図5－2は、奴隷上陸地域ごとの奴隷の人数を表している。一七世紀において、まずスペイン領アメリカが、つぎにブラジルが多くなることがわかる。奴隷貿易の中心がスペインからポルトガルへと移っていくことが示される。一八世紀になると、奴隷輸送数は、イギリス領カリブ海、ブラジル、フランス領カリブ海という順になる。

もう少し細かく見ていくと、イギリスの場合、圧倒的にジャマイカに送られる奴隷が多い。全時代を通して、約一二〇万人の奴隷がこの地に送られた。これは、砂糖プランテーションで働く奴隷を輸送したからであろう。フランスにかんしてはサン・ドマング（ハイチ）への輸送が圧倒的に多く、全時代を合計して九〇万人を超える。これも砂糖プランテーションでの奴隷労働の需要の大きさを物語る。スペイン領アメリカについては、一七世紀には中米が多いが、一九世紀に入ると、急速にキューバの比率が高まる。たとえば一七七六～八〇年には六万四〇〇〇人ほどだったのが、一八二

図5-1　奴隷輸送船の船籍ごとの奴隷の人数　　（単位：1,000人）

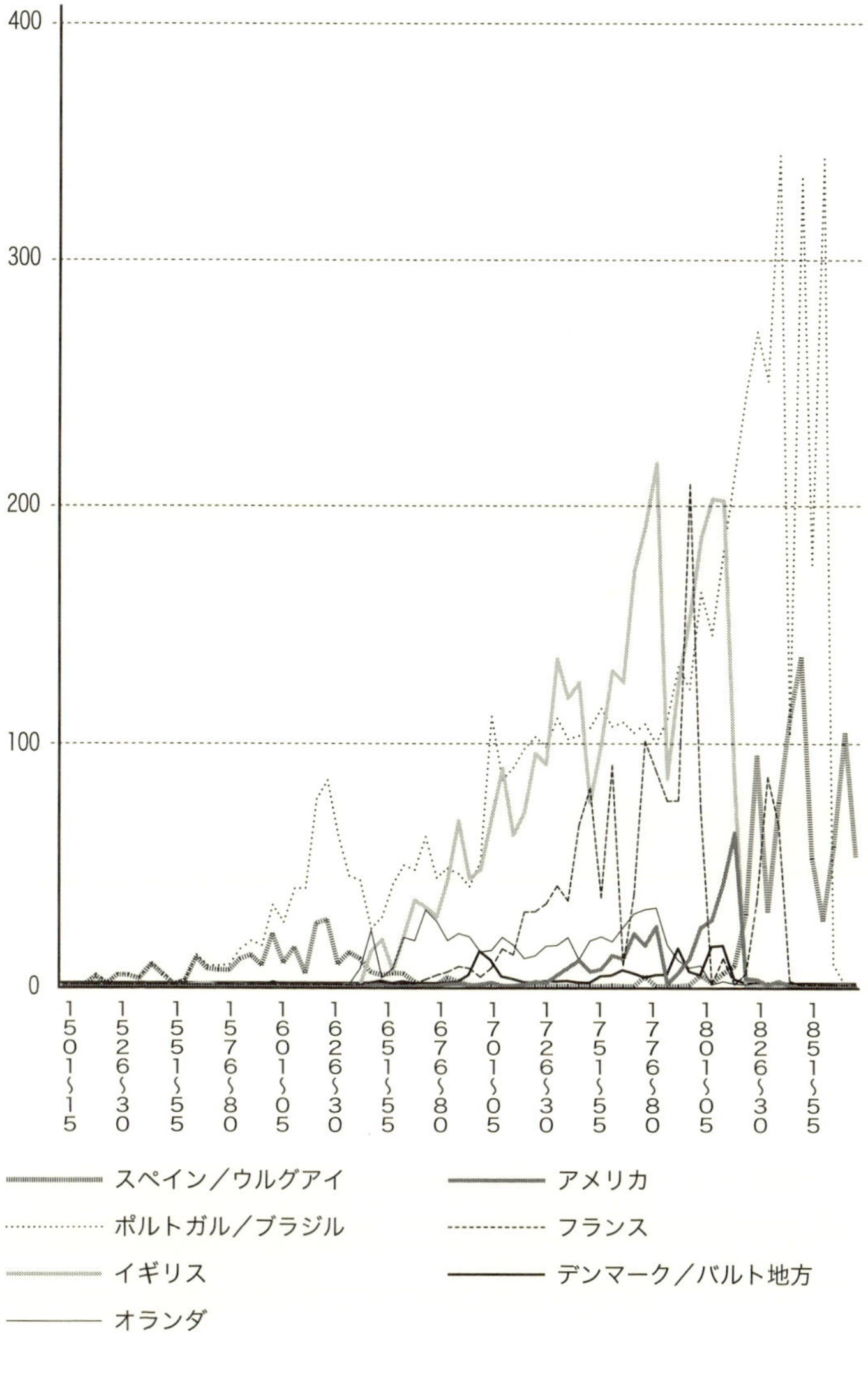

図5-2　奴隷上陸地域ごとの奴隷の人数　　（単位：1,000人）

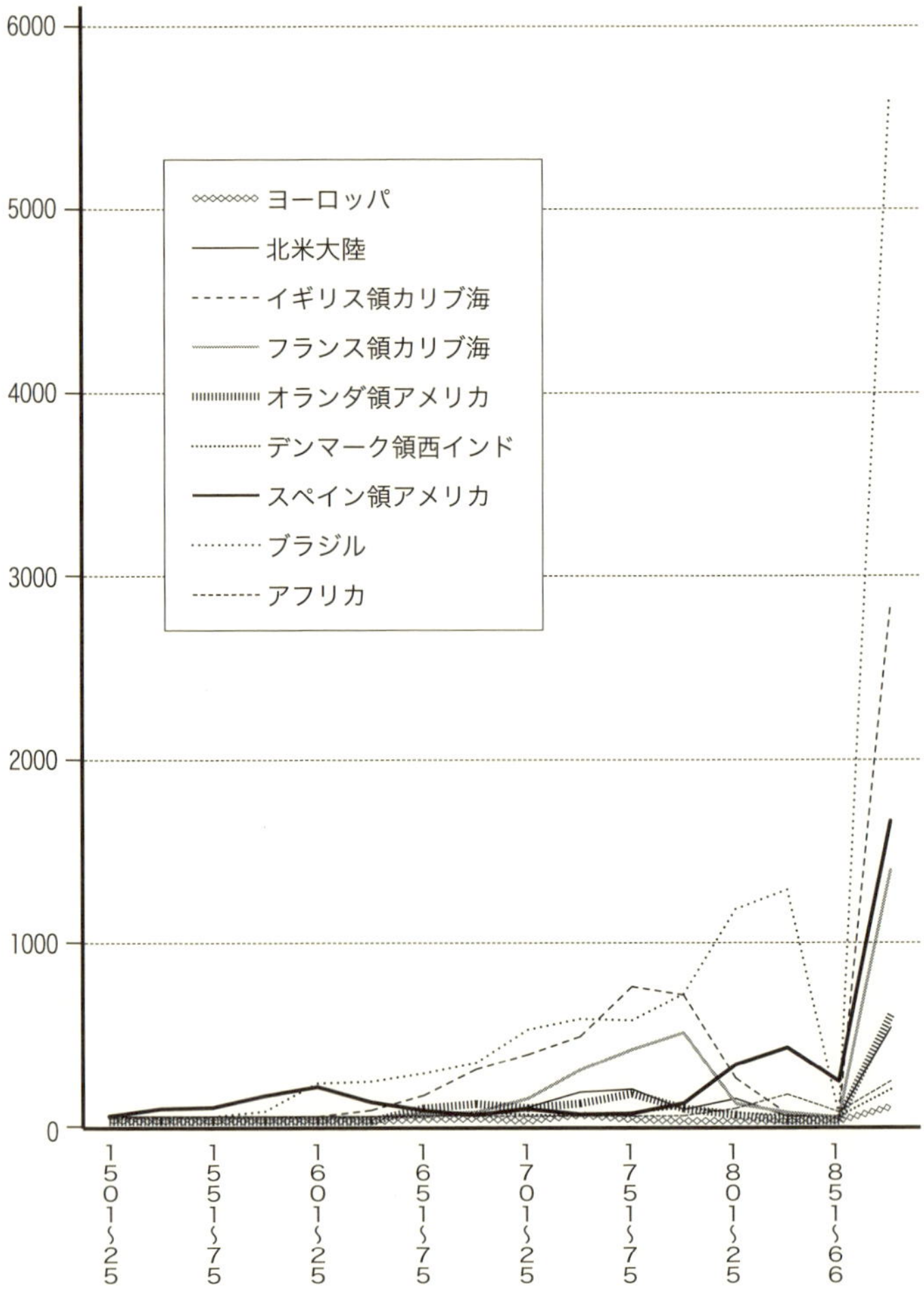

六～五〇年には三六万人を超える。一方、スペイン領中米は、一六〇一～二五年の一五万人をピークとして、以後減少していく。これはそのまま、スペイン領中南米植民地の中核の移動を示す。ポルトガルの場合、一八世紀にブラジル南東部とバヒーア（ブラジル北東部の州）への奴隷輸送数が大きく増える。全時代を通じた奴隷上陸数は、ブラジル南東部が二六〇万人、バヒーアが一七〇万人に達した。

ここから推測されることは、一八世紀になると、カリブ海からスペイン領の南米とブラジル東部にかけ、おそらく砂糖プランテーションでの奴隷需要が伸びたために、奴隷輸送数が急速に増加したことである。さらに奴隷貿易にかんしては、北米の比率はかなり低い。一八世紀の大西洋経済全体に占める北米の比重は、まだまだ小さかったのである。

従来、イギリスが大西洋貿易の研究の中心だったこともあり、大西洋貿易の研究とは、北大西洋貿易研究を意味した。しかし、ここに載せた二つの図からも推測できるように、南大西洋貿易のほうが、取引額が大きかった可能性は否定できない。少なくとも、現在日本でイメージされている大西洋貿易像は大きく修正する必要があろう。

残念ながら、ここで示されているのは、奴隷輸送数にすぎない。そこで次節以降、より詳しく各国の大西洋貿易の内容について論じたい。

3　各国の大西洋貿易

ポルトガル

ポルトガルは、一四一五年、ジブラルタル海峡に面したアフリカ北部の要衝セウタを占領し、この地は、ヨーロッパ最初の外国植民地となった。ヨーロッパの植民地主義は、ここにはじまる。エンリケ航海王子（一三九四〜一四六〇年）は、イスラーム商人の手を介することなく、サハラ砂漠縦断貿易ではなく陸路によって金を入手し、さらには直接香辛料貿易をおこなうことを目標としており、セウタの攻略は、その第一段階を記したとされる。

コロンブスの「発見」に遅れること八年、一五〇〇年にブラジルが「発見」され、南米大陸の東側の多くはやがてポルトガル領となった。正確にいえば、南米東側の多くの部分が、「ブラジル」とよばれるようになり、ポルトガル領となった。ポルトガル人は、すでに一四二〇年頃に黒人奴隷を用いたサトウキビ栽培をマデイラ諸島でおこなったことがあり、ブラジルでの砂糖生産は、それもあって大きく増加した。

ポルトガル領ブラジルは、一六世紀中葉に経済的重要性を獲得した。一六世紀のうちに、ブラジルの砂糖生産量は大西洋のマデイラ諸島やサン・トメ島の生産量を圧倒するまでになった。一六一二年頃になると、ブラジルは、年間六七万二〇〇〇アローバ（九八一万一六八〇キログラム）の砂糖を生産していたと思われる。ヨーロッパでは、砂糖とはほぼブラジルの砂糖を指すようになったので

パリ
ビスケー湾
リヨン
マルセイユ
アゾレス諸島
バレンシア
地 中 海
セビーリャ
ニューヨーク
セウタ
大 西 洋
マデイラ諸島
カナリア諸島
リヴォルノ
ハバナ
ベラクルーズ
ジャマイカ
バルバドス島
セネガル
ギニア
デメララ
ギニア湾
サン・トメ島
ペルナンブーコ
レシーフェ
バヒーア
リオデジャネイロ
ブエノスアイレス
モンテビデオ

地図5-1　大西洋経済圏

ある。

ブラジルが砂糖の主要な生産者になったときには、ポルトガルはヨーロッパのエリート層への砂糖供給者としての地位を確立していた。しかしそのために必要な費用をポルトガルは単独でまかなうことはできず、ドイツ、イタリア、ネーデルラントの商人が拠出したのである。砂糖生産は、全ヨーロッパを巻き込んだ。ポルトガルの首都リスボンが繁栄したのは、それが一つの要因であった。

もともと、マデイラ諸島の砂糖はブリュッヘで販売されていたが、一五〇〇年頃サン・トメ島での砂糖生産が急速に拡大したときには、同島とマデイラ諸島で産出された砂糖の集積港としては、アントウェルペンが最大となった。地中海産の砂糖はほぼ消滅し、ポルトガルが砂糖を独占した。フランドル商人がポルトガル人の主要な取引相手になり、アントウェルペンが、一六世紀を通じて最大の市場となった。アゾレス諸島、マデイラ諸島、サン・トメ島での経験から、ポルトガル人は、砂糖こそが利益をもたらす居留地の存在を保証するのにふさわしい商品であることを知った。

一五五〇年代には、新世界にプランテーションシステムが導入され、そこで生産された砂糖がヨーロッパ市場を席巻する。一六世紀後半に、ポルトガルの貿易の中心は、アジアから大西洋に移った。ブラジルのペルナンブーコとバヒーアは、一六世紀末には世界でもっとも重要な砂糖生産地域となった。そして、ブラジルの砂糖をヨーロッパに持ち込み、アントウェルペンをヨーロッパの砂糖市場の中心としたのである。

ブラジル産砂糖の市場は、フランスやイタリアを含め、多数存在した。アントウェルペン以降、重要になったのはアムステルダムであり、一六〇九年からは、ブラジル産砂糖の半分以上を吸収した。それに次いで重要なのはアントウェルペンとハンブルクであった。しかも両都市は、アムステルダムと密接に結びついていた。これらの三都市で、ブラジル産砂糖の七五％以上が送られたと推測される。

オランダ

一六二一年に、オランダは西インド会社（ＷＩＣ）を創設し、ポルトガルのアフリカ領とアメリカ領を奪い取ろうとしたＷＩＣは、一六二四年に南大西洋へと多くの船隊をはじめて送った。オランダは、やがてブラジルのレシーフェ、さらにはレシーフェを州都とするペルナンブーコを領土にすることに成功する。ポルトガルの砂糖貿易の競争相手になったオランダは、ついでポルトガル領アフリカの占領に成功し、奴隷貿易の支配者として君臨する。

一六〇九年には、のちのハドソン湾とマンハッタン島を「発見」し、この付近をニーウ・ネーデルラントと名づけた。さらに一六二五年、マンハッタン島をデラウェア先住民から購入し、ニーウ・アムステルダムと名づけた。しかしイギリスが同市を占領した。さらに、第二次イギリス―オランダ戦争を集結させたブレダ条約（一六六七年）で、イギリス人の植民地であった南米のスリナムがニーウ・アムステルダムと交換された。この都市は、以降、ニューヨークと改名された。こののち、オランダは北米への進出をあきらめることになる。

一六四〇年代になるまで、オランダは一時的にではあれ、ペルナンブーコとポルトガル領アフリカを占領した。それは、アメリカの砂糖生産とアフリカの奴隷制度に大きな影響をおよぼした。オ

西インド諸島

ランダによる占領で、ペルナンブーコに取って代わって、バヒーアが主導的な奴隷貿易と砂糖生産をおこなう地域となった。

一六四〇年代になると、ペルナンブーコでの経験をもとに、オランダ人プランターがバルバドスとマルティニーク島、さらにグアドループに到着し、近代的な砂糖精製所と生産技術を導入したのである。すぐに、オランダの奴隷船が続き、アフリカ奴隷を購入するために、地域のプランターに信用を供与した。

砂糖の完成品をアムステルダムの砂糖精製所まで運搬したのは、オランダの西インド貨物船であった。ペルナンブーコが再度ポルトガルの手に落ちた一六五四年には、これらの島々にオランダ人のプランターと彼らが所有する奴隷が到着した。オランダ人の到着以前にも砂糖は栽培されていたが、彼らこそ、カリブ海諸島に砂糖生産を定着させた人々であった。このようにカリブ海諸島で砂糖が生産されるようになったので、ブラジル産砂糖の独占は崩れていくことになる。

一六四五年にバルバドス島に砂糖が導入されたとき、一万八三〇〇人の白人男性がいたのに対し、奴隷は五六八〇人しかいなかった。しかし一六八〇年には、同島には三万八〇〇〇人の奴隷がいた。そのほとんどがアフリカ生まれであった。約三五〇の砂糖栽培用の地所があった。さらに、一六七〇年には、マルティニーク島、グアドループ島、セント・クリストファー島に、三〇〇の砂糖用地所があり、ブラジルで生産される二万九〇〇〇トンの砂糖の三分の一を輸出するまでにいたった。オランダ人により、カリブ海におけるフランスの砂糖精製所が建設された一五年後のことである。イギリスとフランスの砂糖植民地の勃興は、オランダ人、より正確にはおそらくアムステルダムに拠点をおくセファルディム（イベリア半島系ユダヤ人）がサトウキビの栽培方法を伝えることで成し遂げられたのである。

スペインとポルトガルを追放されたセファルディムは、アムステルダムとロッテルダムに避難先を見つけ、元来のイベリア半島の故国と外国の植民地との貿易に大きく寄与した。そしてセファルディムはまた、ブラジルから西インド諸島に砂糖栽培が拡大し、オランダの海外のプランテーション植民地が発展するために大きな貢献をしたのである。

スペイン

スペインの新世界との関係は、コロンブスの新世界到達によってはじまる。フランシスコ・ピサロやアンリ・コルテスに代表されるコンキスタドール（新世界の征服者）がアメリカ大陸の黄金を略奪し、南米の多くの地域を植民地としていった。

スペインの新世界との貿易では、一般に貴金属の取引に関心が寄せられているようである。元来、カリブ海地方は金の生産地であった。しかしスペインも奴隷貿易に従事しており、一五一七年には、はじめて西アフリカからジャマイカに、黒人奴隷を連行した。スペインは、新大陸にはじめてサトウキビをもちこんだのである。

すでに一四九三年の第二次航海で、コロンブスの船隊はサトウキビを積載していた。そのためスペインの砂糖生産はイスパニョーラ島からはじまった。スペイン政府は、カリブ海域における精糖業を支援した。さらに精糖業は、イスパニョーラ島からジャマイカ、プエルト・リコへと広がった。川の水力を利用した「インヘニオ」型工場があちこちで使われた。この「インヘニオ」型工場で、多数の黒人奴隷が使用されたのはいうまでもない。一七一七年にいたるまで、セビーリャが新世界との貿易をほとんど独占することになった。

スペインがハプスブルク帝国に編入されると（一五一六年）、フッガー家をはじめとするドイツの金融業者とのつながりができた。さらにアントウェルペンという、世界金融の中心と直接結びつくことができた。そのためスペイン経済は、スペイン領ネーデルラントのいわば衛星となった。スペインのセビーリャの商人は、フランス、イギリス、ポルトガル、ドイツ、オランダなどの商人の代理商と化す。植民地からスペインに輸入された商品は、主としてアントウェルペンを経由して全ヨーロッパに輸出されてしまい、さらに戦争も加わり、スペイン財政は大きく悪化した。

最初に新大陸にサトウキビをもたらしたスペインであったが、他国とは大きく異なり、砂糖の輸出が経済的にもっとも重要だとはいえなかった。むしろ一七世紀においては、カカオの輸出こそがスペインの中米貿易の生命線であった。一七世紀にこんにちのベネズエラからメキシコに輸出されるカカオは大きく上昇する。そのカカオは、スペインの大西洋貿易において最大の貿易港カディスに大量に送られた。

カカオの重要性は、おそらく一八世紀になると低下したものの、一七四七〜九六年のカディスの主要な輸入品の金額を見るとカカオがなおトップに位置し、八万三六六〇ペソであり、砂糖が第三位であり、六万四六四一ペソである。これらは、ラプラタ川沿いの地域――一部はベネズエラ――から輸入された。

スペイン領中南米の砂糖輸出は、むしろ一九世紀に重要になる。たとえば一八二〇年代には、キューバからハンブルクに大量の砂糖が流入している。さらに一八四〇年代になると、キューバは世界最大の砂糖生産地となった。キューバの奴隷貿易数が大きく上昇するのは、それが原因であった。

フランス

フランスでは、ボルドーの貿易額が、一八世紀後半に大きく増える。たしかにマルセイユも増えてはいるが、ボルドーと比較するなら、その増え方はかなり少ない。ボルドーは大西洋貿易の、マルセイユは地中海貿易の代表的港湾都市であるので、これは、フランスにとって、地中海貿易と比較した場合の大西洋貿易の重要性を物語る。ボルドーが貿易を拡大させた基盤は、アンティル諸島、とくにサン・ドマングの発展にあった。サン・ドマングの砂糖生産は一七一四年の七〇〇〇トンから一七五〇年には四万トンに、さらに一七八九年には八万トンと驚異的に伸びた。

フランス史家のフランソワ・クルゼが「一八世紀の経済的奇跡」と表現したほどに、ボルドーの貿易量の伸びは印象的であった。ルイ一四世が死去した一七一五年からフランス革命が勃発した一七八九年まで、フランスは国際貿易で主導的役割を果たした。その中核となったのがボルドーであった。ボルドーの伝統的な輸出品は後背地で産出されるワインであり、たとえば一七〇〇年頃には、輸出品の大半がワインであった。ところがこの都市は、急速に植民地物産の再輸出を増大させたのである。しかしそれは、以前からのワイン貿易のネットワークをそのまま利用したものであり、この点では、旧来の貿易システムを延長したものであった。

一八世紀の初頭においては、フランスの対西インドの貿易の中心都市はナントであった。一七一七年には、ボルドーのシェアはわずか二〇％にすぎなかった。しかし一七三六年に、ボルドーはナントを追い抜いた。一七八五年には、ボルドーから出港する船舶が、大西洋貿易に従事するフランス船のうち三四％を占めており、ボルドーからの植民地物産再輸出量は、フランス全体の約半分に達したのである。ナントは奴隷貿易に従事し、ボルドーは植民地物産の輸入と再輸出が重要な港湾都市になったのである。ナントの砂糖と同様、ボルドーの砂糖はフランス人ないしドイツ人の手によって輸送された。

アンティル諸島には、大量の奴隷がアフリカ西岸から送られた。奴隷は、一七一九年に設立されたフランス・インド会社によって運ばれた。同社は一七二六年に奴隷貿易にかかわる特権をセネガルのみに縮小されたが、なお一七六七年まではこの特権を保持した。黒人奴隷が生産した砂糖は、フランス船でフランスまで運ばれた。フランスへの航海には、六～九週間かかった。一七三〇年に六〇〇〇万ポンドに近かった砂糖輸出量は、一七九〇年には一億八千万ポンドにまで増加した。輸出量は戦争のため、大きく変動した。

フランスが輸入した砂糖の多くは再輸出された。自国内での消費は、輸入された砂糖の三〇～四〇％にすぎなかった。ボルドーをはじめとするフランスの砂糖はヨーロッパ各地に再輸出され、なかでもハンブルクへの再輸出量が多くなっていった。ハンブルクには多数の製糖工場があり、さらにフランスから追放されたユグノーの亡命地として重要だったこともその理由となろう。一方イギリスは、約七五％を国内で消費した。フランスの製糖工場は、ヨーロッパの精糖業で主導的地位についたことは決してなかったのである。

イギリス

イギリス経済史において一六六〇年の王政復古以降の百年あまりは、「商業革命」とよばれる。「商業革命」によりイギリスの貿易量は飛躍的に増大したが、そのなかでもっとも重要なことは、おそらく大西洋貿易の増加であったろう。

一八世紀イギリス（イングランド・ウェールズ）の輸入先としては西インド諸島が最大になる。一七〇一～〇五年には、イギリス全体の輸出額が年平均で四五七万一〇〇〇ポンド、そのうち西インド諸島からの輸入額が六〇万九〇〇〇ポンド、ドイツからの輸入額が六五万五〇〇〇ポンドと、ドイツからの輸入額のほうがやや多い。東インドからの輸入額は、五五万一〇〇〇ポンドである。しかし一七九六〜一八〇〇年には、西インド諸島からの輸入額が年平均で五八九万八〇〇〇ポンド、東インドからの輸入額が四八三万四〇〇〇ポンド、アイスランドからの輸入額が二三八万五〇〇〇ポンド、ドイツからの輸入額が二〇六万三〇〇〇ポンドと、西インド諸島からの輸出額が非常に多い。ついで、東インドからの輸入が目立つ。イギリスの帝国化が現れており、そのなかに占める西インド諸島の大きさが読み取れる。

西インド諸島イギリスにとって、西インド諸島、とりわけジャマイカからの砂糖の輸入こそ重要になってくる。それが、奴隷貿易の拡大と大きく結びついていたことは間違いない。

川北稔によれば、近世のイギリス重商主義帝国には、三つの三角貿易が存在した。西アフリカから西インドへの奴隷供給を核とする「本来の三角貿易」により、砂糖の輸入が急増した。第二の三角貿易は、本国と北米と西インド諸島を結ぶルートであった。初期のニューイングランドは、食料と木材を西インド諸島に輸出することで、大きな購買力をえた。第三の三角形は、アイルランド―西インド諸島―本国から形成される。

これらは、すべて本国と西インド諸島を結ぶ一辺を共有しており、西インド諸島が、本国を別にすれば、帝国経済の核をなしていたことを物語る。さらに西インド諸島の台頭は、東インド貿易の発展ももたらした。一八世紀になるとイギリスで飲茶の風習が広がり、東インドから大量の茶が輸入された。その茶に入れられたのが、西インド諸島産の砂糖であったことはいうまでもない。一七七五年には、イギリスの一人当たりの砂糖消費量は、フランスの八倍ほどあったと推測されている。

イギリスが輸入した砂糖の多くは、国内で消費された。そのため消費生活のパターンが大きく変化する「生活革命」がおこった。それに対し他の国々の砂糖は、いったん本国に送られたのち、ふたたび再輸出されることが多かった。一八世紀において、オランダにかんする詳細は不明だが、スペイン、ポルトガル、フランスについては、輸入砂糖のうち、少なからぬ割合がハンブルクに再輸出され、製糖されてまた輸出されたと推測される。その一部はデンマークとスウェーデンのあいだのエーアソン海峡を通る海上ルートで、また一部はハンブルク—リューベック間の陸上ルートを通りバルト海地方に輸出された。さらにエルベ川経由で中欧に送られる砂糖もあった。この点でも、イギリスはきわめて例外的であり、他国と比較すると、再輸出される砂糖の割合は少なかった。

4　各国の大西洋貿易をつなぐ

帝国間貿易

このように、ヨーロッパのさまざまな国が大西洋貿易に参加した。ここにあげたポルトガル、スペイン、フランス、イギリス以外にも、ブランデンブルク・プロイセン、デンマークなどが、おもに砂糖貿易による利益を求めて争ったのである。これは、各国の大西洋帝国形成をめぐる抗争を意味した。

しかし他方、このような貿易を横断する「帝国間」貿易も存在した。それは、各国の利害とは別の、商人による活動が中心であった。それについてはすでに言及したが、オランダのアムステルダムを根拠地とするセファルディムが、その代表的な集団であった。彼らは早くも一五八〇年代に、西アフリカ、スペイン領アメリカ植民地などで活躍していた。彼らが、帝国の枠組みを越え、さかんに別の国々と取引したのである。

そもそも、近世にいくつもの国で創設された貿易会社は、いわば穴だらけの存在であり、その網の目をかいくぐって他国と貿易することは、決して難しいことではなかった。戦時になると異文化間交易は難しくなったが、平時には日常のことになった。商人たちは、ブラジル、カリブ海、北米、スペイン領アメリカ、西アフリカなど、必ずしも自分が属する国に関係なく投資したのである。

帝国横断的なコミュニティは、すでに一六世紀には存在していた。一五世紀に北西ヨーロッパとイベリア半島を結んでいた経済的紐帯が、ポルトガル領の大西洋の島々とブラジルにまでおよんだのである。そればかりか、レコンキスタ（ムスリムからの国土奪還）後に改宗した新キリスト教徒と、もとからのキリスト教徒である旧キリスト教徒が取引関係を結ぶことさえあった。さらに新キリスト教徒と旧キリスト教徒が結婚することもあった。それは、大西洋が新しい貿易地域であり、そのぶん、宗派の壁は低くなったからだと考えられよう。

大西洋貿易とは、ヨーロッパ諸帝国の貿易であった。しかしその「帝国」は、国境を越えた商人ネットワークが存在していたからこそ維持することができた。そのような商人のなかで、もっとも大きな役割を占めたのは、おそらくセファルディムであった。

一五世紀に後半にイベリア半島から追放されたセファルディムのネットワークは大きく拡大し、新大陸からインドにまでおよんだ。ヨーロッパにおけるセファルディムの拠点としてもっとも重要な都市はアムステルダムであり、ついでイタリアのリヴォルノ、それについでハンブルクであった。

さらに、アメリカ史家のコートによれば、スペインに対するオランダの独立戦争が勃発した一五八〇年代には、アムステルダムのユダヤ人商人がアムステルダムとスペイン領およびポルトガル領の紐帯を強める働きをするようになった。二〇年間以上にわたり、ポルトガル系のユダヤ人がブラジル領オランダの植民地貿易で活躍した。一六五〇年代には最初のユダヤ人植民者がバルバドスに入植し、一六八〇年には、その数は三〇〇人以上に達した。ユダヤ人のディアスポラは、オランダ、イギリス、スペイン、ポルトガルの帝国間貿易を促進したのである。

ただし、このように商人が比較的自由に行き来する帝国間貿易は一八世紀になると少なくなっていったようである。一八世紀には、ヨーロッパ各国が激しく競争する帝国貿易が台頭したからである。コスモポリタンな商人ではなく、「国家の見える手」（本書三一頁参照）が力を発揮するようになったのである。

イギリスの特徴——帝国の役割

フランスとの比較によりイギリスの優位性を明らかにしたが、それは、現在の歴史学では、「例外的なイギリス」とよばれることはすでに前章末でみた。イギリスのシステムが例外的だとは、どういうことだろうか。ここではそれについて、もっと詳しい説明を提示する必要があろう。

一六五一年に最初の航海法を発布して以来、イングランド（一七〇七年以降はイギリス）は一六六〇年、一六六三年、一七三三年、一七六四年と、何度も同法を発布した。この法の根幹は、オランダ船の排除にあったことはよく知られる。当時、ヨーロッパで最大の商船隊を有していたのはオランダ共和国であり、オランダ船を使って多数の商品が輸送されていたが、イギリスは航海法のもとで、オランダ船を排除する体制を築き上げていったのである。イギリスは、大西洋貿易のみならず、ヨーロッパ内部の交易でも、徐々にオランダ船の排除に成功していく。他の国々と異なり、イギリスは、大西洋帝国とヨーロッパ内部の交易圏で、国家が貿易活動そのものを管理するシステムの構築に成功したのである。

これは、自由貿易を原則としたオランダとは大きく異なるシステムであったことはいうまでもない。そしてそのイギリスが、オランダの次にヘゲモニー国家になったことはきわめて重要である。

一九世紀のイギリスは、たしかに自由貿易を唱えた。それは、イギリスが世界経済の中心・中核である以上、自由貿易によって最大の利益を受けるのがイギリスであったからだとよくいわれる。

しかしまた、自由貿易を維持するために、イギリスは世界最大の艦隊を維持する必要があったことを忘れてはならない。それは、イギリス経済にとって大きな負担となった。だからこそオブライエンが、イギリスの帝国主義的拡大は、イギリスにとって利益をもたらしたのか、それとも損失をもたらしたのかという疑問を提起したのである。しかしそれは、イギリスがイギリスにもたらしたと想定される利益を考察の対象としたものであり、イギリスが他国にもたらした利益については、考察の対象外にあった。

一九世紀のイギリスと同様、一七世紀のオランダも、自由貿易を主張した。グロティウスが『海洋自由論』において自由貿易を支持したことが、その証拠とされる。しかしグロティウスは、東インド貿易では保護貿易論者であった。したがって、彼はかなりの日和見主義者であったというべきであろう。あるいは、オランダ経済のイデオローグととらえることもできよう。ウォーラーステインの立場からは、これこそ、アジアはまだヨーロッパから発生した近代世界システムの外側にあった証拠であるということになろう。

一九世紀後半のイギリスは、世界の多くの地域をヨーロッパが母体となった近代世界システムに取り込んでいった。それは、イギリスが七つの海を支配する「帝国」を形成し、世界をイギリスのシステムにある程度従属させたからこそ可能になったのである。一七世紀のオランダは、イギリスと同じ意味で凝集力が強い「帝国」は有していなかった。

さて、一八世紀に話を戻そう。この頃のイギリスは、他国と決定的に異なり、大西洋だけではなくヨーロッパ内部においても、イギリス船が活躍し、他地域ではなく、主としてイギリスの繁栄に貢献する経済システムを形成していった。

たとえば、イギリス領西インドの砂糖は高価であり輸出することができず、イギリス国内で食された。砂糖消費量は、イギリスの生活水準向上の一つの指標となる。これに対しフランスの場合、フランス領西インドでできた砂糖は、フランス国内で消費されるのではなく、主としてアムステルダムないしハンブルクに再輸出され、そこからまた他地域に輸送された。スペイン領アメリカやポルトガル領ブラジルから母国に輸出された植民地物産も、同様にヨーロッパ各地に再輸出されたのである。

おそらく通常のイメージとは異なり、イギリス帝国はおもにイギリスの経済成長に寄与し、フランスの帝国は、他地域の経済成長にも寄与した。この違いは、きわめて大きい。フランス以外の国々も、ヨーロッパ内部では旧来の商人ネットワークに依存していた以上、イギリスのような新しいシステムは取り入れていなかった。イギリス帝国とは、イギリスの利益のために機能するシステムなのであり、同じヘゲモニー国家といっても、他国の経済成長に寄与したオランダとはこの点で決定的な違いがある。

イギリス産業革命は、このようなシステムのもとで誕生した。それは、世の中を、イギリスのために機能させるシステムであった。イギリス政府が経済に介入し、そのようなシステムを形成していったのである。だからこそ、イギリスは「例外的」であったといわれるのだ。

第6章　近代世界の誕生

——フランス革命からウィーン体制期の経済史

現在の歴史学研究の動向では、イギリスは、ナポレオン戦争が終わった一八一五年にヘゲモニー国家になったとされる。それ以前には、名誉革命以来の第二次百年戦争（「長い一八世紀」とよばれるフランスとの抗争）があり、その最終的勝利がナポレオン戦争であった。さらに、それに続くウィーン体制までのあいだに、イギリスは支配力を大きく伸ばした。

フランス革命勃発からナポレオン戦争の終焉まで、ヨーロッパは長い戦乱に巻き込まれた。もとより、近世のヨーロッパは戦争に次ぐ戦争を経験していたが、フランス革命・ナポレオン戦争は、もっとも長くもっとも費用のかかった戦争であった。それについては、イギリスにかぎられているとはいえ、一五二頁の表4－4が証拠となろう。

一七九三～一八一五年の税収による出費の比率が七四％と比較的高かったのは、おそらく一七九九年の所得税導入による歳入の増大によるものだと考えられる。

イギリスは、巨額の借金をしながら、主としてフランスに対する戦争に勝ち抜いたことはすでに述べた。多額の借金をかかえ、とりわけフランス革命・ナポレオン戦争では膨大な戦費に耐えながら、産業革命に成功し、ヘゲモニー国家になった。いったい、それはどのようにして可能になったのか。さらに、ナポレオン戦争に続くウィーン体制は、ヨーロッパ経済ないし世界経済にとってどういう意味をもったのか。それらが、本章で解決すべき課題である。

1　イギリス産業革命期の経済成長は遅かった

産業革命期イギリスの経済成長の推計

イギリスの産業革命は、あっという間に世界を変えたわけではない。

かつて考えられていたのとは違い、産業革命期イギリスの経済成長率は、「革命」というほど高くはなかったのである。田園的なイギリスがあっという間に工場に取り囲まれた国になったという説は、こんにちでは否定されている。一八世紀後半のイギリスの経済成長率は、ゆるやかなものであった。一九六二年のディーンとコールによるイギリス経済成長の推計が上梓されて（Phyllis Deane and W.A. Cole, *British Economic Growth, 1688-1959: Trends and Structure*, Cambridge, 1962）以降、とくにクラフツやハーレイらの計量経済史家が研究を精力的に発表してから、産業革命期イギリスの経済成長率は、だんだんと低く推計される傾向にある。

もとより残存しているデータが少ないので、正確な経済成長率を知ることは不可能であり、データをどのように加工するかで、成長率は大きく変化する。したがって、細かな成長率の相違を論じることに、あまり意味はない。ともあれ確実なのは、イギリスの経済成長率は、産業革命とよばれる一七六〇〜一八三〇年頃においては、決して高くはなかったことである。

イギリスの国民所得にかんするクラフツの分析によれば、イギリスの国民所得の上昇率は、一七〇〇年から一七六〇年までは年率〇・三%、一七六〇年一八〇〇年までは年率〇・一七%、一八〇〇年から一八五〇年までは年率〇・五二%、一八三〇年から一八七〇年までは年率一・九八%であった。グレゴリー・クラークの計算によれば、一人あたりの成長率は、一七六〇〜一八〇〇年には年平均に換算して実質ゼロであった。ただし、クラークの計算は、あまりに極端なように思われる。

いずれにせよ、イギリスの経済成長率が低かったことに疑いの余地はない。ここで疑問となるのは、なぜこんなにも経済成長が遅かったのか、ということになろう。

クラウディング・アウト発生説

このような疑問を提示した研究者のなかに、著名なアメリカの計量経済史家ジェフリー・ウィリアムソンがいる。彼は一九八四年に出された「産業革命期イギリスの経済成長はなぜこれほど遅かったのか」という有名な論文で、こう主張した。一七七〇〜一八一五年の一人あたりの経済成長率は年平均〇・三三%、それに対し一八一五〜四六年は〇・八六%であり、イギリスは一八二〇年頃に、長期的な転換点を通過した。

ウィリアムソンはその他の推計も引用し、一八二〇年代以前のイギリスの経済成長は、せいぜい「控えめ」なものであり、他国の産業革命期の経済成長率と比較するなら、あまり印象的とはいえない。たとえば一九七〇年代の第三世界の経済成長率は三・二％ほどであり、一八二〇年以前のイギリスの一〇倍もあった。

そのためウィリアムソンは、なぜ産業革命期イギリスの経済成長率が低かったのかという疑問を呈した。その可能性として、そもそも産業革命期の選定を間違えていたこと、もう一つは、戦争を遂行しながら工業化を遂行できるほどの資源がなかったということを挙げた。そして戦争により戦費が急増し、そのため、クラウディング・アウトが発生したのだという。クラウディング・アウトとは、行政府が大量に国債（公債）を発行したために、それによって市中の金利が上昇し、民間の資金需要が抑制されることをいう。戦争が民間部門の活動を抑圧したため、経済成長率が低かったというのだ。

ディーンとコールは、イギリスの経済成長の推計を、一六八八年からはじめた。それ以前の時代には、信頼すべきデータがないからである。もし一七世紀からの経済成長率がほとんどなく、一八世紀に年平均〇・三％になったとすれば、これは革命的変化である。本来、経済成長率の変化自体が問われるべきであるが、それ自体が推計の産物でしかなく、正確なことはわからない。また、わずかに残るデータから全体を推計するという問題点をつねにはらんでいる。国民経済の成立を前提としており、国家内部の地域差は捨象される。

とはいえ、実際にクラウディング・アウトはあったのだろうかというかという疑問は残る。それについては、現在のところ、否定的な見解が多いようである。この問題をめぐって一九八〇年代後半から九〇年代初頭にかけて論争がおこったが、基本的に、ウィリアムソンの説は支持されてはいない。たとえば、ヘイムとミロウスキーによる次のような反論がある。

クラウディング・アウトはなかった

そもそも、フランスとの戦争を戦い抜くために借金をしたからといって、利子率が上昇するかどうかはわからない。また、高い利子率が、必ずしも投資を不活発にするわけではない。単純にいえば、利子率以上の利益率が期待できるならば、企業は投資するはずである。

したがってクラウディング・アウト理論は、産業革命期イギリスの歴史的状況を説明するのにふさわしいものとはいえない。クラウディング・アウト理論の問題点は、資本市場、さらには利子率と投資のあいだをめぐる関係にある。この論の前提として、資金が、貯蓄者からそれ以外の用途に流通させることができる資本市場が存在しているということがある。しかしながら歴史研究からは、そのように統合された資本市場があることは証明されていない。

産業革命に必要だった資金は、家族・友人・隣人などをつうじて提供されたのであり、巨大な資本市場から借りたものではない。また、政府の借金と工業への投資の資金は別の供給源から提供された。クラウディング・アウトによって、現実にイギリス産業革命がなかなか進展しなかったというのであれば、工業への投資が、政府の借金により影響を受ける利子率の動きに対して敏感に反応すべきである。けれども、そういうことはみられない。

そもそも、政府が借金をするからといって利子率が高くなるわけではないため、クラウディング・アウト説は支持できない。産業革命のときにイギリス経済に利用できた資金は、イギリス国内のものだけではなかったという後者の点にこそ、われわれは注目すべきなのである。

クラウディング・アウト理論は、閉鎖的な経済にこそ適合する。国際的な資本の流通という点を、ウィリアムソンは見逃しているというほかない。おそらくそれが最大の問題点である。

イギリスは、外国からの投資先として、きわめて安全な投資先であったという事実に目を向けるべきである。イギリスは、イングランド銀行が国債を発行し、その返済を政府が保証するというファンディング・システムを導入していた。また、イギリスは島国であり、ヨーロッパ諸国のなかで、もっとも他国から攻撃を受けにくい国であった。したがって、イギリスがもっとも有利な投資先となったのである。換言すれば、オランダをはじめとする諸外国の投資は、イギリスに集まりやすかったのである。

外国資金の流入

イギリスには、外国資金が流入した。そのことをもっとも説得力のある形で実証したのは、おそらくイスラエルの経済史家ブレジスであろう。ブレジスによれば、イギリスは一八世紀には資本の輸入国であったが、資本の輸出国へと変化した。一八世紀後半には、投資のうち三分の二を国内の投資がまかなった。残りの三分の一は、外国資金の流入によりまかなわれた。

一七世紀のあいだ、イギリスの商品の多くはオランダ船によって運ばれていた。航海法体制があったとはいえ、イギリスはオランダ船を完全に排除することはできなかった。しかし、一八世紀には、イギリス船の比率は大きく高まった。それでも一八世紀のイギリスの経常勘定は赤字であり、それを補塡するために資本の流入を必要とした。

一七七三年になっても、イギリス政府はオランダから百万ポンドの借金をし、西インド諸島のプランテーションに投資した。オランダはイギリスの公債に大量に投資し、一七三七年には一〇〇〇万ポンド（総負債額の二五％）を、一七七四年には四六六万ポンド（総負債額の二五％）の公債を購入したのである。

しかしイギリスは、一七九〇〜一八一五年のあいだに債務国から債権国に変わった。フランス革命・ナポレオン戦争がなければ、このような変化はなかったかもしれない。一七八〇年に第四次イギリス—オランダ戦争が勃発し、さらに一七九五年にフランス軍がイギリスに進撃すると、イギリスとオランダの関係は弱まり、オランダ資金はアメリカ合衆国とフランスに流れた。

イギリスは外国からの借金ではなく、自国の税金で戦争を遂行するようになった（そのため表4－4にみられるように、フランス革命・ナポレオン戦争の出費は膨大だったにもかかわらず、借金の比率は少なかった）。オランダからの借金が減った分を埋め合わせたのは、インドからの富の供給であった。しかし、オランダ資金の流入の不足は、イギリス経済にとって大きなマイナス要因となった。

イギリスは、一八世紀の大半を通じて、貯蓄だけでは戦費をまかなえなかった。一七世紀から一八世紀初頭にかけ、製造業があまり機械化されていない時代には、国内の貯蓄だけで経済成長が可能であったかもしれないが、一八世紀のあいだに技術革新が進むと、貯蓄だけでは足らなくなった。

トラファルガーの海戦（J.M.ターナー、1806年）

外国からの資金導入が、一八世紀のイギリス産業革命を可能にしたのである。一七八〇年頃までのイギリスでは、とくにオランダからの資金導入によって、国内や植民地への投資が可能になった。

それでもなお、フランス革命からナポレオン戦争にかけての時期に、イギリスは戦争遂行のみならず、工業発展のための資金が不足していた。この資金不足を解消するためもあり、一七九九年に所得税が導入されたのである。

しかしまた同時に、アメリカの著名な計量経済史家ラリー・ニールの次のような主張を忘れてはならない。

フランスは、ナポレオン時代になって、大陸封鎖令（一八〇六年）により、イギリスを経済的に封鎖しようとした。しかし、それには失敗した。ウェリントンの大陸政策に影響を受けたイギリスの製造部門が、消費財の輸出に重点をおく軽工業から軍需品生産をおこなう重工業へと中心を移すという結末になったにすぎず、結局、イギリスの工業化を促進したからである。

イギリスにあった外国資本は、大陸封鎖令のため、国内にとどまった。そして、鉄・運河・港湾の改善・有料道路などに投資されることになった。オランダ人をはじめとするヨーロッパ大陸の人々はアムステルダムから資金を引き上げ、イギリスの国債に投資したのである。

このように、ブレジスとニールの意見は、フランス革命・ナポレオン戦争中に、オランダ資金が導入されたかどうかという点をめぐり大きく異なる。しかし、ほぼたしかなことがある。それは、イギリスは所得税を導入し富裕者の税負担を上昇させ、借金依存度を減らすことによって戦争遂行を可能にし、いつもなら海外に投資されるイギリス資金が国内にとどまり、経済のインフラストラクチャーのために投資され、経済成長に寄与したことである。すなわち、クラウディング・アウトはなかったということになる。現在の欧米でも、これがほぼ定説になっているように思われる。ヨーロッパ経済の金融ネットワークが、イギリスの産業革命——たとえイギリスの経済成長率は以前想定されていたよりも低かったとしても——を可能にしたのだ。

2 ヨーロッパ大陸の経済の変化

工業面での変化

フランス経済史家として著名なフランソワ・クルゼは、一七九二年から一八一五年にかけてのヨーロッパ経済の変化を扱った論文「ヨーロッパにおける戦争・封鎖・変化」を一九六四年に公表した。ずいぶん前の論文であるが、今でもその内容はあまり古びていない。この節では、まず本論文の内容にもとづき、この時代のヨーロッパ大陸の工業面と貿易面について論じる。

ライン川流域においては、紡績機は、大陸封鎖令が出される一八〇六年以前には知られていなかったのだが、急速に浸透した。ヨーロッパ大陸では、一五〇万錘以上の紡績機が使われるようになり、そのうち百万錘がフランスに、二五万錘がザクセンに、一五万錘がスイスにあった。ただし、イギリスでは、すでに四九〇万錘が使われていた。

ヨーロッパ大陸では、技術的な進歩があった。手織りの糸紡ぎ機はほとんどなくなった。また、たとえば、ジェニー紡績機と力織機の代わりに、ミュール紡績機が使われるようになった。ミュール紡績機は一八〇〇年の時点ではほとんど使われていなかったが、一八〇〇年以降支配的になった。

綿業においては、一八〇一年にスイスに飛び杼《ひ》が導入された。ベルギーのヘントにはその直後に、フランスのミュルーズには一八〇五年に導入された。しかしながら、この戦争の時代においては、綿はイギリス製のものと競争しなければならなかったので、綿業に従事する労働者は激しい競争におかれた。イギリスの原綿消費量は、一七九〇年から一八一〇年の間に約四倍になったのに対し、フランスのそれはおよそ三倍になった。しかし質的には、イギリスの綿のほうがはるかにすぐれており、ヨーロッパ大陸は技術的に二〇年遅れていた。

しかし、このような問題点はあったとしても、綿業、とくに機械紡績業は、フランス革命・ナポレオン戦争期間中にヨーロッパ大陸にしっかりと根を下ろし、それ以降の工業化の基盤を形成したのである。

さらに、絹織物産業と鉄工業という二つの重要な産業は、ヨーロッパ大陸がイギリスに対してドアを閉じたことによっても、大きな影響は受けなかった。そもそも絹織物産業は、イギリスに対する国による保護を必要としないどころか、はるかに巨大で効率性が良かった。また鉄工業は、フランス革命とナポレオン戦争期間中には多くのヨーロッパ大陸で輸出不況に陥った。そして、イギリスの最新の製鉄技術（コーク製錬法・パドリング法など）の導入はほとんどが失敗した。

イギリスがヨーロッパ大陸に輸出する鉄の量は戦争前でも少なく、戦争によってイギリスが輸出できなくなるからといって、ヨーロッパ大陸の各地方の生産者がそれを埋め合わせなければならないということはなかった。

貿易面での変化

このようにポジティヴな変化があった工業に対して、貿易はどのような変貌を示したのか。

フランスにおいては、革命の勃発のため、最初の数年間はほとんど貿易がなかった。それは、フランス経済に大きな打撃を与えた。フランスは輸出も輸入もできないという状況に追い込まれたのである。

クルゼの考えでは、一八世紀ヨーロッパの経済は外部との関係を重視しており、「大洋志向的」といってよかった。もっとも重要な貿易は、前章で述べたように、アメリカとの貿易であった。フランスの場合、それが少なくとも一時期完全にストップした（ただし、密貿易についてはわからない）。さらに、一八〇四年のハイチの独立が、それに拍車をかけた。

フランス革命戦争がはじまった当初、リスボン、リヴォルノ、ハンブルク、コペンハーゲン、トリエステなどの貿易港が貿易量を伸ばしたが、これらの港は占領されたり、フランスに味方してイギリスに対抗したりしたときに突然不況に陥った。

イギリス政府は敵国の船と植民地が直接取引することを禁止していたが、中立船——ほとんどがアメリカ船——は、途中でいくつかのアメリカの港に立ち寄ることにより、間接的に貿易をすることを許された。しかし一八〇七年一月になると、イギリス政府は敵国の港間を中立船が貿易することを禁止した。

しかも、ナポレオンの保護主義政策は、フランスとイタリアの市場をイギリスとその同盟国に対して閉ざした。領土が大きく変わった結果、伝統的な市場から切り離されてしまう国や地域もあった。かつて隣国のものであった土地をフランスが次々と併合したために、事態はますます悪化した。さらに、多くのドイツ諸邦は財政的理由のために通行税を上昇させた。ナポレオンの市場は共通市場にはほど遠く、貿易の妨げとなった。

フランス革命・ナポレオン戦争により、海運業などが崩壊することになり、ヨーロッパは、より内向き志向になった。ヨーロッパ大陸の経済の枢軸は、大西洋からライン川に移った。

クルゼは、おそらく公のデータをもとにしてこの結論を出した。しかし現実には、フランス革命期からナポレオン戦争初期にかけ、アメリカ合衆国の船がヨーロッパにおける交易で使われたとされる。したがって、クルゼがいうほどに内向き志向だったわけではなかった。

フランス革命・ナポレオン戦争のイギリスへの影響

フランス革命・ナポレオン戦争がイギリス工業化におよぼした影響については、二〇一一年、パトリック・オブライエンがきわめて多数の研究書・論文を読み切って書いたワーキングペーパー「フランス革命・ナポレオン戦争期のフランスとの戦争が、イギリス産業革命の強化と進展にはたした貢献」において、次のように述べた。

フランス革命・ナポレオン戦争期（一七九三～一八一五年）の抗争は、一六五一年のイギリス―オランダ戦争以来おこなわれた数々の重商主義戦争の一部であった。この戦争により、イギリスはヘゲモニー国家になった。

フランス革命・ナポレオン戦争期は、それまでのイギリス―フランス間の戦争とは比べものにならないほど、イギリスに多大な財政的負担をかけた。一六九三～九七年（ファルツ継承戦争中）のイギリス人一人あたりの税負担を一〇〇とすると、一七七八～八二年（アメリカ独立戦争中）は二七七、一八一二～一五年（ナポレオン戦争中）には、六七九になった。イギリス政府は当然増税をした。しかしその税金は、当時急速に発達していた部門――綿織物・鉄・冶金業・石炭・運河による国内輸送・造船業・海運業――には、あまりかけられなかった。それが、イギリス産業革命にとって大きなプラス要因となった。イギリス国内の銑鉄の生産量は、一七八八～九二年から一八一一～一五年のあいだに三・五倍に上昇した。

国際金融市場をみても、戦火に見舞われなかったロンドンは、もっとも有利な投資先となった。アムステルダム、アントウェルペン、ヴェネツィア、ハンブルク、フランクフルトなどの都市の金融機能が著しく低下しているときに、金融市場としてのロンドンの地位は大きく上昇したのである。そのロンドンに、ヨーロッパ大陸の資金が流れた。

しかも、海運業においても、一七九三～一八一五年にイギリス帝国内の港から出港するイギリス船の数は飛躍的に伸びた。結局、この時代にイギリス船が多数建造され、世界の各地で使用されるイギリス船数は大きな伸びを示した。そればかりか、一七八四～九二年に一九二万ポンドだったイギリスの輸出額が、一八〇八～一五年には四三二万ポンドへと大きく上昇したのである。しかも、綿織物の輸出が激増したばかりか、市場の中心がヨーロッパからインド、中国、ラテンアメリカ、とりわけアメリカ合衆国へと移り、文字通り世界商品化したのである。イギリス海軍に保護されたイギリスの商会は、国際で製造された産品の輸出、さらには外国の商品の再輸出を拡大させた。

このように、オブライエンの考え方に従うなら、フランス革命・ナポレオン戦争は、イギリスにとって、かなりプラスに作用した。言い換えるなら、フランスは、イギリスが世界最初の工業国家になることに大きく寄与したといえるのである。

3　商人ネットワークの変化

アムステルダム・ロンドン・ハンブルクの関係

一八世紀の北方ヨーロッパで三つの重要な貿易港かつ金融都市は、アムステルダム、ロンドン、ハンブルクであった。フランス革命・ナポレオン戦争期のこの三都市の関係がきわめて重要であった。

アムステルダムとロンドンの重要性はいうまでもないが、ハンブルクが近世に果たした役割については、日本のみならず欧米においても、過小評価される傾向がある。

ハンブルクは一六一八～一八六八年という長期間にわたり、中立都市として活躍した。したがって戦争がおこっても、ハンブルクの船を使うか、ハンブルク市の紋章のある旗を掲げたならば、貿易を続けることができたのである。この都市は、ヨーロッパ大陸においては、アムステルダムにつぐ規模の港町だっただけではなく、金融都市としても、きわめて重要であった。しかし、二度の大戦や火災で史料がかなり消失したため、同市の貿易や金融のありかたについては、いまなお不明な部分が多い。

ハンブルクの街（1811年）

アムステルダムには、多様なバックグラウンドをもつ商人が来ていたことはすでにみた。一方、ハンブルクはルター派の都市であり、ルター派でなければ市民権をえることはできなかったが、商業を続けることはできた。たとえば、オランダの交戦中には、セファルディムがアムステルダムから一時的に中立都市であるハンブルクに避難し、商業活動を続けることもあった。

この三都市の距離は比較的近く、商人は自由に行き来していた。したがって、三都市で一つの貿易圏を形成したと考えて、ほぼ間違いない。

一八世紀になると、アムステルダムの地位は相対的に低下する。しかし、ヨーロッパ外世界、とりわけ新世界、ついでアジアとの貿易関係が強化される。そうなるとアムステルダムだけでは増大する貿易量・金融取引に対応することができず、ロンドンとハンブルクが台頭する大きな要因となった。ロンドンがイギリス帝国の拡大と結びついていたことはよく知られるが、ハンブルクは中立都市という利点を活かし、他都市が交戦中であっても、貿易を続けることができた。

一八世紀のヨーロッパ史研究において、この三都市の関係は非常に重要であるが、研究はまったく進んでいない。もしこのうち一つの都市だけが重要であったとすれば、その都市に問題が生じた場合、ヨーロッパ経済の機能が著しく低下した可能性がある。三つの都市があったからこそ、戦争の時代にリスク回避をすることができた。

また、この三都市は、「アントウェルペン商人のディアスポラ」によって発展したという点で共通している。一六世紀にはじまったこの過程は、二世紀間をかけ、少なくとも三都市に広がっていた。北方ヨーロッパの経済や商業でもっとも重要だった都市が、「アントウェルペン商人のディアスポラ」の影響を大きく受けていたことは、おそらく偶然ではあるまい。アムステルダム、ロンドン、ハンブルクは、その商業システムの根底が似ていたからこそ、密接な協力関係を保てたのである。

ハンブルクの貿易

ハンブルクは、とくに大西洋貿易の増大とともに発展した。ハンブルクには砂糖の精製所があり、そのため、大量の砂糖が流入した。また、コーヒーの輸入も重要であった。とりわけ、ボルドーからの輸入が目立った。

そもそもボルドーは、ワインの輸出港として有名であったし、現在もそうである。しかし、一八世紀だけは、西インド諸島の植民地からの砂糖・コーヒー輸入がきわめて重要になった。ボルドーの貿易量は急速に増加し、ボルドーからの再輸出先として大きく台頭したのがハンブルクであった。ハンブルクにはそれ以外にもイギリス、スペイン、ポルトガルなどからの輸入が多かったが、もっとも重要な取引相手は、フランスであった。

ハンブルクの中心部（17〜18世紀）

フランスとイギリスは、名誉革命以降、一八一五年にいたるまで、第二次百年戦争とよばれる、植民地争奪戦争をおこなった。しかし貿易面でみた場合、イギリスの競争相手は、決してフランスの港ではなく、ハンブルクという小さなしかし取引量がきわめて大きい港であった。

ハンブルクはまた、イベリア半島との関係が深い都市であった。すでに一六〜一七世紀のハンブルクでは、ポルトガル系・スペイン系の名前がみられるようになっていた。一七世紀初頭には、アムステルダムからポルトガル系・スペイン系の人々——すなわちセファルディム——が、ハンブルクにまで来ていたようである。アムステルダムほどではないが、ハンブルクも宗教的寛容の都市であり、迫害を逃れてこの地に到来する商人も多かったのである。スペイン領ネーデルラントの商人も、ハンブルクで取引した。さらに、ハンブルクのポルトガル人仲介業者の比率は、アムステルダムのそれより多かったのである。ここからも、イベリア半島との貿易におけるハンブルクの重要性が理解できよう。

人的ネットワークからみると、すでに一七世紀のハンブルクは、アムステルダムとイベリア半島のセファルディムを中継する役割を果たしていた。実際、セファルディムは、イベリア半島からハンブルクやロンドンに渡り、その後アムステルダムに移住したともいわれる。ここからも、アムステルダム、ロンドン、ハンブルクの商業上の紐帯の強さがうかがえよう。

ハンブルクは、たしかにロンドンの競争相手であった。しかし、たんにそういう見方しかできないとすれば、いささか偏狭というものである。この二都市は、相互補完関係にある都市でもあった。実際、ハンブルクは小ロンドン（Little London）とよばれていたし、ハンブルクからロンドンに渡る商人は非常に多かった。そのうえ、ロンドンの主要貿易相手港は、一八世紀のあいだに、アムステルダムからハンブルクに変わった。したがって、イギリスのヘゲモニーは、ハンブルクの貿易をそのままイギリス帝国システムの内部に取り込むかたちでおこなわれたと推測するのが妥当であろう。

フランス革命・ナポレオン戦争とハンブルクの貿易

現実にハンブルクの貿易が大きく増加したのは、一八世紀中葉のことであった。一七八〇年代になると、さらに急増する。

しかもフランス革命の直前に、ハンブルクからフランスに向かう船舶数が著しく増大し、しかしフランス革命によって大きく低下する。その一方で、フランス革命期にハンブルクからイギリスに向かう船舶数が増加している。一八〇二年にはロンドンにとって、ハンブルクがヨーロッパ大陸最大の取引相手先になる。しかしナポレオンの大陸封鎖令施行の一八〇六年には、イギリスからヨーロッパ大陸に向かう船舶のうち、ハンブルクの船舶がもっとも多く使用されている。

それ以前の一七九五年にフランス革命軍によりオランダが占領されたとき、アムステルダムの貿易・金融市場は大きな打撃を受けていた。ハンブルクはそれによって、大きな利益をえることになった。アムステルダムの代替港として台頭したからである。さらにハンブルクは、中立を利用して大きな利益をえた。

しかし、フランス革命軍によりドイツが占領されると、ハンブルクの貿易には大きな痛手となった。しかも大陸封鎖令により、中立国の船舶でさえイギリスと取引することが困難になった。これは、それまでの戦争との決定的な相違であり、フランス革命戦争とナポレオン戦争の連続性ばかりを強調できない理由がここに見いだされる。

一八〇八年になると、ナポレオン軍によって占領されたハンブルクの商人の多くがこの都市を離れ、中立国スウェーデンの貿易都市イェーテボリに向かった。ハンブルクはアメリカとの海運業で非常に重要な都市だったので、イェーテボリでめざましい商業ブームがおこった。しかしながら、ハンブルクは中欧との陸上交易でも活躍していたので、この地域の貿易にとって、ハンブルクの凋落は痛手となったはずである。

スウェーデン史家レオス・ミュラーは、一八〇七〜一五年を、イェーテボリの「輝ける年月」とよんだ。したがってもしナポレオン戦争が長引けば、おそらく、アムステルダムからハンブルクに移住し、さらにイェーテボリへと移った商人もいたことであろう。けれどもナポレオン戦争が終わると、イェーテボリの役割は終わりを迎えたのである。他方、ハンブルクは、また復活する。

しかしまた強調しなければならないのは、この頃の国際貿易商人の動きである。すでに何度も、国家の枠組みにとらわれない商人のネットワークがあったと論じた。そのネットワークは、ナポレオン戦争の時代に活発化した。たとえばイェーテボリにロスチャイルド家の一族が移住し、貿易活動を継続しようとした。ナポレオンがヨーロッパ経済を統制しようとするにつれ、国際貿易商人たちはかえって必死で自分たちのネットワークを維持し、さらに拡大しようとした。そのため、密貿易が増えた。ナポレオン戦争、さらには大陸封鎖令によってもヨーロッパの商業活動が停止しなかったのは、そのためでもある。国際貿易商人の「見えざる」ネットワークが拡大したのである。したがって大陸封鎖令が、どこまでナポレオンの意図どおりに機能していたのかは疑問である。

そもそもナポレオン戦争中にヨーロッパ大陸からイギリスへの投資があったとすれば、インターネットはおろか電信もない時代においては、商人が直接移動しないことはありえない。計量経済史の成果から判断するかぎり、ナポレオン戦争にかぎらず、戦争中にもアムステルダムとロンドンの取引があったと推測されるのだから、国際貿易商人が、場合によっては非合法的に移動したとしか考えられないのである。そのなかにはアメリカ人商人もいたと推測されるので、フランス革命・ナポレオン戦争でヨーロッパ経済が内向き志向になったというクルゼの主張は、必ずしも正鵠を射ているとはいえない。彼の主張は、密輸の大きさを軽視したものであろう。ナポレオン戦争期のヨーロッパ経済は、密輸によって支えられた可能性すらあるのだ。この時代もなお、国境を越えた商人ネットワークの力が、ヨーロッパ経済を支えたかもしれないのである。

オランダからイギリス帝国へ

オランダの「黄金時代」は一七世紀中頃であり、他の国々の中央集権化が進んでいなかったので、オランダは「ヘゲモニー国家」となれたのかもしれない。しかし他国が保護主義政策をとり、中央集権化を進めると、オランダの政治制度は時代にあまりそぐわなくなっていった。

ウォーラーステインのいうように「ヘゲモニー」という用語を経済面にかぎって使用したとしても、オランダからイギリスへというヘゲモニーの移行は、そうやすやすと進んだわけではない。

ロンドンを中心とするシステムは、イギリス帝国の形成と関連していた。ロンドンは、イギリスの首都からイギリス帝国の帝都になった。それに対しアムステルダムやハンブルクを中心とするシステムは、物流を中心として形成された。ハンブルクは、ヨーロッパ大陸における物流の拠点であった。

ハンブルクとロンドンの競争は、ナポレオン戦争が終了した一八一五年になってようやく、ロンドンの優位で決着がつく。それは、経済活動に国家が強力に介入することが、イギリスに成功をもたらしたことも意味した。いいかえるなら、「財政=軍事国家」としての成功が、物流面においても、イギリスを勝利に導いたのである。

さらに一七九二年にはロンドンはアムステルダム金融市場に従属していたが、一八一五年にはアムステルダムがロンドンに従属するようになった。イギリス「帝国」のシステムの勝利に、あるいは、イギリス帝国の確立につながり、国家が中央集権化しなかったオランダとは異なるシステムが誕生するのである。

商業史という観点からとらえるなら、オランダの商業は、まだ中世の残滓《ざんし》があり、国家とのつながりはあまり大きなものではなかった。オランダが、フランス革命軍による占領まで中央集権化しなかったことが、それを証明する。

一方、イギリス帝国の商業は、それよりはるかに近代的なシステムであった。国家が、商業の発展に大きく貢献したのである。その典型的な事例は、航海法の採用であった。これは明らかに、オランダ船排除を狙ったものである。航海法とは、アダム・スミスによれば、イギリスがこれまで発明した最良の制度であった。

イギリスでは公共支出が増大し、より多くの税と巨額の国債が発行された。それが、製造業部門の成長のスピードアップ——たとえそれがこんにちの目からは遅かったとしても——に寄与した。植民地政策とそれが国家予算に与えた影響が、この時代の経済成長全般で重要な役割を演じた。小さな海軍国であったイギリスを、イギリス帝国に転換するために必要な戦争と軍事行動のために公的資金が使われたのである。

イギリスのヘゲモニーは、権力が中央集権化したからこそ可能になった。国家が市場に介入するようになったから、イギリスは最初の工業国家になった。それは、オランダのヘゲモニーや経済成長とはまったく対照的な姿であった。このような新しいシステムは、最終的にはおそらくフランス革命とナポレオン戦争のあいだに完成したのである。

4　ウィーン体制の経済的意味

ウィーン体制とヨーロッパ経済

ウィーン体制は、何よりも政治体制として研究されてきた。いや、誤解を恐れずにいうなら、政治体制の研究としてさえ、日本では、この体制全体にかかわる研究は進んでいない。

ウィーン会議では、スイスの永世中立が国際的に承認された。「永世中立」の承認とは、見方を変えるなら、戦争を前提とした社会の肯定を意味する。そしてこのような枠組みは、こんにちなお、大きな意味をもっている。現代社会に永世中立国が存在するという以上は、われわれが生きているこの社会が、戦争を前提としているということなのである。

このような観点からとらえるなら、私の考えでは、ウィーン体制は、一六四八年のヴェストファーレン条約からずっと続いていた戦争状態を是認した体制だと定式化できる。ヴェストファーレン条約は主権国家体制を、ウィーン議定書は戦争を前提としたものである。ウィーン議定書の世界史的意味は、このような角度から考察する必要がある。その影響はこんにちも色濃く残っており、現代社会のありかたを決定づけた一面があると考えるべきであろう。

ともあれ、フランス革命・ナポレオン戦争によって生じた混乱を収拾するために開かれたウィーン会議で、フランス代表のタレーランが、フランス革命以前の状態に領土や支配者を戻すよう提案

ウィーン会議

し、それが支持された。その立役者となったのは、オーストリアの外相（のちの宰相）のメッテルニヒであった。このような保守・反動体制はウィーン会議の名を借りてウィーン体制とよばれ、メッテルニヒが亡命する一八四八年までのヨーロッパの政治体制を規定した。

しかし、この体制の経済的意味について、これまで日本で正面から論じられたことがあっただろうか。

たしかに、ヨーロッパ諸国で経済が成長し、いくつかの国で産業革命がおこった。おそらく論じられていることは、それに集約されよう。ここでは、それがどのようにしてウィーン体制を崩壊に導いたのかをみていきたい。さらに、ヨーロッパやラテンアメリカでウィーン体制に対する反動が生まれた理由を、経済面からさぐってみたい。

産業革命と国民国家

著名なイギリス人経済史家のシドニー・ポラードは、産業革命の地域横断的な性格を強調する。ナポレオン戦争が終わると、産業革命による革新が国境を越えて平和裡に伝播する。地域から地域へと新産業が広まり、市場が拡大・進化した。そのため、ほとんどすべての地域で一人あたりの所得が増大したのである。

ポラードの見解では、国民国家の地理的な国境を使用した産業革命研究には欠陥があった。さらに国家の内部においても、産業成長の水準と構造には大きな差異があった。彼の意見を敷衍《ふえん》するなら、地域による差異が大きいなら、ある地域の工業化ということはできても、ある国の「産業革命」という表現はできないのかもしれない。

それに対し、国家の役割を重視するのはマグヌソンである。工業生産の確立は、さまざまな国家が頻繁に自国の政治勢力を露《あらわ》にする国際競争の状況下で生じた。つまり、どの国の政治家も、政治力、さらに究極的には軍事力としての、工業の潜在力を認識していたのである。

ナポレオン戦争によって、経済的な意味での国境が破壊された。さらにヨーロッパ大陸では、運河や鉄道の建設が進み、ヨーロッパが徐々に一つの市場を形成するようになってきたことが指摘される。たとえば、ウィーン会議で成立したネーデルラント連合王国（現在のオランダとベルギー）では、国王のウィレム一世が、モンス～シャロワ間に運河を建設した。これにより、ブリュッセルとアントウェルペンがつながれることになった。アントウェルペンは、フランスとドイツを結ぶ重要な中継港になった。一八三〇年にオランダから独立したベルギーでは、一八三四年の議会で、鉄道建設のために国家が指導権を握るということが決められた。

さらに、一八三三年に結成されたドイツ関税同盟は、プロイセンを中心とするドイツ統一のための経済的基盤を提供したものとして知られる。ドイツにも統一市場が誕生した。これもまた、現状維持を原則とするウィーン体制の理念とは相容れない。そもそも、現実はつねに変化するものであるから、この体制がともかくも三〇年以上にわたって維持されたことこそが、奇妙なことかもしれないのだ。

経済が成長すると、国境を越えて物資を輸送することが、以前と比較するとはるかに容易になった。たしかに、たとえばフランス国内にはたくさんの地域市場があり、その結合度は決して高くはなかった。しかし最初に産業革命をおこしたイギリスでさえ、一国が一つの市場を形成する国民市場が形成されていたとはいえまい。あえていえば、産業革命はマンチェスター付近で生じた出来事にすぎなかったのである。それをわれわれは、「イギリス産業革命」とよんでいるのだ。国民市場の形成と、産業革命の発生とは別問題である。

重要なことは、イギリスが産業革命を発生させ、そのために優位に立っていた事実をヨーロッパ大陸の指導者が理解していたことである。ヨーロッパ大陸諸国は、すでに一八世紀末から、産業スパイをイギリスに送り、イギリスの技術を導入しようとしていた。ナポレオン戦争が終了し平時になると、それはなおさらやりやすくなった。ここに、国家が経済に介入するという意味での「国家の見える手」が作用しやすい状況が生まれた。

産業革命には、ほとんどの場合、国境を越えた物資の移動が必要とされる。それは、国境を越える輸送網によって実現された。国家は、産業革命をおこすべく、その物資を自国内にもたらし、工場を建設しようとした。工業化が進むほど、ヨーロッパは経済的に統合されていった。そして、工業化の進展度の違いによって、国家の勢力は以前とは変わっていった。そうすると、国家間のフランス革命以前の状態を正統とする、ウィーン体制の根幹が崩れていったのである。

ラテンアメリカ諸国の独立

ラテンアメリカ諸国のうち、最初に独立したのはハイチであった。ウィーン会議が開かれる以前の一八〇四年に、この国はすでに独立していた。ハイチはまた、ラテンアメリカ最初の黒人国家であった。

この背後に本国フランスの圧政に対する反発があったことは言を俟たない。しかしまたフランス本国としても、西アフリカからの奴隷供給が難しくなっており、アフリカ中央部にまで行かなければ黒人が調達できず、奴隷貿易がコスト的に引き合わなかったことを忘れてはならない。ハイチの独立はナショナリズムの勝利であるとともに、ハイチを独立させることが、フランス経済にとって必ずしもマイナスにはならなかったことも考えられよう。

ウィーン体制は、現状維持を原則とする政治体制であり、今後の経済成長をめざすための経済体制ではなかった。そのためラテンアメリカ諸国は、母国であるスペインやポルトガルの手を通さずに、ヨーロッパに直接商品を送るようになった。その中心はロンドンであり、ついでハンブルクであった。こうしてハンブルクは復活した。しかしそれは、あくまでロンドンを中心とするイギリスの通商システムのサブシステムとして機能するにとどまった。

さらにイギリスは鉄道業などによって、ラテンアメリカに直接投資をするようになった。そのため、ラテンアメリカは、イギリスの綿の市場になる。この地の一部は、イギリス産業革命のための市場として機能するようになった。また、プロイセンもラテンアメリカの市場を開拓しようとした。こうした過程で、ラテンアメリカ諸国は母国であるイベリア半島両国との紐帯を弱めた。ラテンアメリカ諸国が一八一〇年代後半から次々と独立していくのは、そのためであった。

ウィーン体制はこのように、ヨーロッパ内部ではある程度現状が維持できたとしても、ラテンアメリカ植民地では最初から現状を否定するような動きが目立つ、きわめて矛盾した体制であった。そこに、この体制の最大の弱点があったといえよう。そこから最大の利益をえたのはイギリスであった。すでにウィーン会議でヘゲモニー国家となっていたイギリスは、ウィーン体制のあいだにラテンアメリカまで経済的支配をおよぼしたのである。

終章　近代ヨーロッパの形成
——国家と商人と情報と

本書では、長い時代と多くの地域を扱ってきた。また、複雑な構成をとっているので、ここでもう一度全体を整理し、さらにそれ以降の世界史への展望を語ることで、本書を締めくくりたい。

1　近代ヨーロッパの形成過程

大分岐時代のヨーロッパ

本書のタイトルは、『近代ヨーロッパの形成——商人と国家の近代世界システム』である。近代世界システムを支持するという点ではウォーラーステインと同じだが、彼が国家の枠組みと工業・商業・金融業という三つの産業を重視するのに対し、私は国家と商人が織りなす近代世界システムを提起した。

ここで描かれているのは、おおむね「大分岐」の時代のヨーロッパ経済の歴史である。自然から与えられた恵みだけではアジア経済より豊かになることは難しかったヨーロッパが、どのようにして（おそらくは）アジアより高い経済成長を達成することができたのかを説明した。「大分岐」には長い年月を要した。それは、ほぼ三世紀にわたる歩みであった。このように長い時間をかけ、ヨーロッパ経済は大きく成長していった。（第一章）

近代世界システムの開始とアントウェルペン商人のディアスポラ――同質的な商業空間の誕生

ヨーロッパ経済が台頭した一つの理由は「アントウェルペン商人のディアスポラ」にあった。これにより、同市のほか、アムステルダム、ロンドン、ハンブルクなどの都市が同質的な商業空間を有するようになり、取引費用が大きく低下した。近代世界システムは、ここからはじまった。

アントウェルペンの影響も受けたアムステルダムの商業規模はさらに大きかった。アムステルダムはまた宗教的寛容の地であり、さまざまな宗派に属する商人がこの都市を訪れた。そのためアムステルダムには商業情報が蓄積され、それがヨーロッパ諸国（とくに北方ヨーロッパ）に拡大していったので、ヨーロッパ経済の情報の非対称性が減少し、新たな商人が参入しやすいシステムが形成された。

まず、コスモポリタンな商人のネットワークが形成されていった。それが主権国家の形成に大きく寄与することになった。そのなかで、最大の利益をえたのはイギリスであった。（第二章、第三章）

大分岐と戦争の継続

「大分岐」の時代のヨーロッパにはたくさんの戦争があった。その戦争を経験していくなかで、ヨーロッパ諸国の領土が確定されていった。さらには国民意識が生まれ、主権国家のちには国民国家が形成されていった。戦争には膨大な費用が必要であり、その費用を捻出するために各国は借金をした。ヨーロッパの多くの国は、借金漬けの状態にあった。

その費用捻出のシステムがもっともうまく機能したのはイギリスであった。イギリスの場合、イングランド銀行が国債を発行し、その返済を政府が保証するというファンディング・システムがあった。イギリス政府は所得の価格弾力性が高い商品に税金をかけたため、経済成長よりも税収の伸びのほうが高く、借金を返していくことができた。

そのイギリスでは他国以上に政府の規模が肥大化し、それが産業革命の前提になった。これは、しばしば「例外的なイギリス」とよばれる現象である。産業革命とは、決して自生的に生じたものではなく、「国家の見える手」が介在するために生じる。政府が、公共財を提供し、市場を保護するのである。このように、経済成長を促進するという意味での国家の重要性を軽視してはならない。

（第四章）

大西洋貿易の拡大とイギリスの特殊性

イギリスをはじめとするヨーロッパ諸国は、大西洋貿易を拡大した。それは、おおむねアメリカから砂糖を輸入し、そのための労働力としてアフリカから奴隷が運ばれるという形態をとった。このようなシステムはどの国にもだいたい共通していた。しかし結果として、イギリスのみが産業革命をもたらすような大西洋貿易形成を成し遂げたのである。イギリスは大西洋貿易でも北海・バルト海貿易でも自国船を使ったのに対し、他の国々は大西洋では規制貿易、北海・バルト海貿易では自由貿易というシステムをとり、自国の船舶ですべての輸送をおこなうということはなかった。イギリスのシステムは、やや大げさな表現を用いるなら、すべてを自国に都合の良いように仕向けるシステムであった。（第五章）

イギリスのヘゲモニー――近代世界の誕生

イギリスは、最終的にはフランス革命・ナポレオン戦争でヘゲモニーを握る。フランス革命ではアムステルダムが、ナポレオン戦争ではハンブルクが占領されたためにこの二大貿易港の機能は麻痺した。しかも、島国であるイギリスはもっとも安全な投資先であった。だからこそ、クラウディング・アウトが発生する可能性があったイギリスに他国から資金が提供され、産業革命が可能になったのである。さらに、フランス革命・ナポレオン戦争は、イギリス経済に有利に作用した。

ウィーン体制下、国家主導のもとでヨーロッパ大陸の工業化が進んだ。それには、「国家の見える手」のみならず、国境を越えたネットワークが提供する資源も欠かせなかった。ウィーン体制の時代になると、ラテンアメリカから本国を通さずに植民地物産、とりわけ砂糖が直接輸入されるようになり、そのための貿易港として、ハンブルクが復活した。しかしそれは、圧倒的優位な地位に立つロンドンのサブシステムとして機能したととらえるべきである。（第六章）

2　情報が支えたイギリス帝国——「ジェントルマン資本主義」再考

電信網の普及とイギリスのヘゲモニー

イギリスのヘゲモニーはこのようにして完成した。それは、「大分岐」の終わりも意味した。本書を締めくくるにあたり、これ以降の歴史にかんして少し述べておきたい。

イギリスは、「日の没することなき」帝国となった。そのために大きな役割を果たしたのは、電信であった。一八三〇年代以来、蒸気船、鉄道、運河、電信などが、世界のさまざまな地域を結びつけるようになった。アメリカにおいては、電信は一八四四年にモールスが最初に実用化したものであった。イギリスでも電信はまたたく間に普及し、一八五一年には、ドーヴァー海峡の海底ケーブル敷設に成功する。海底ケーブルは、一八七一年には、横浜にまでつながる。一八八〇年代には、世界全体がイギリスを中心とする電信網で結ばれるようになった。

情報の伝達は、大きくスピードアップした。ロンドンとオーストラリアのシドニーの貿易データの伝達は、一八七六年に完成した海底ケーブル網によって、それ以前の六〇日間から四日間にまで短縮されたのである。世界は、これほどまでに狭くなったのだ。しかもイギリスは、第一次世界大戦直前の一九一三年になっても、世界の海底ケーブルのほとんどを敷設していたのである。

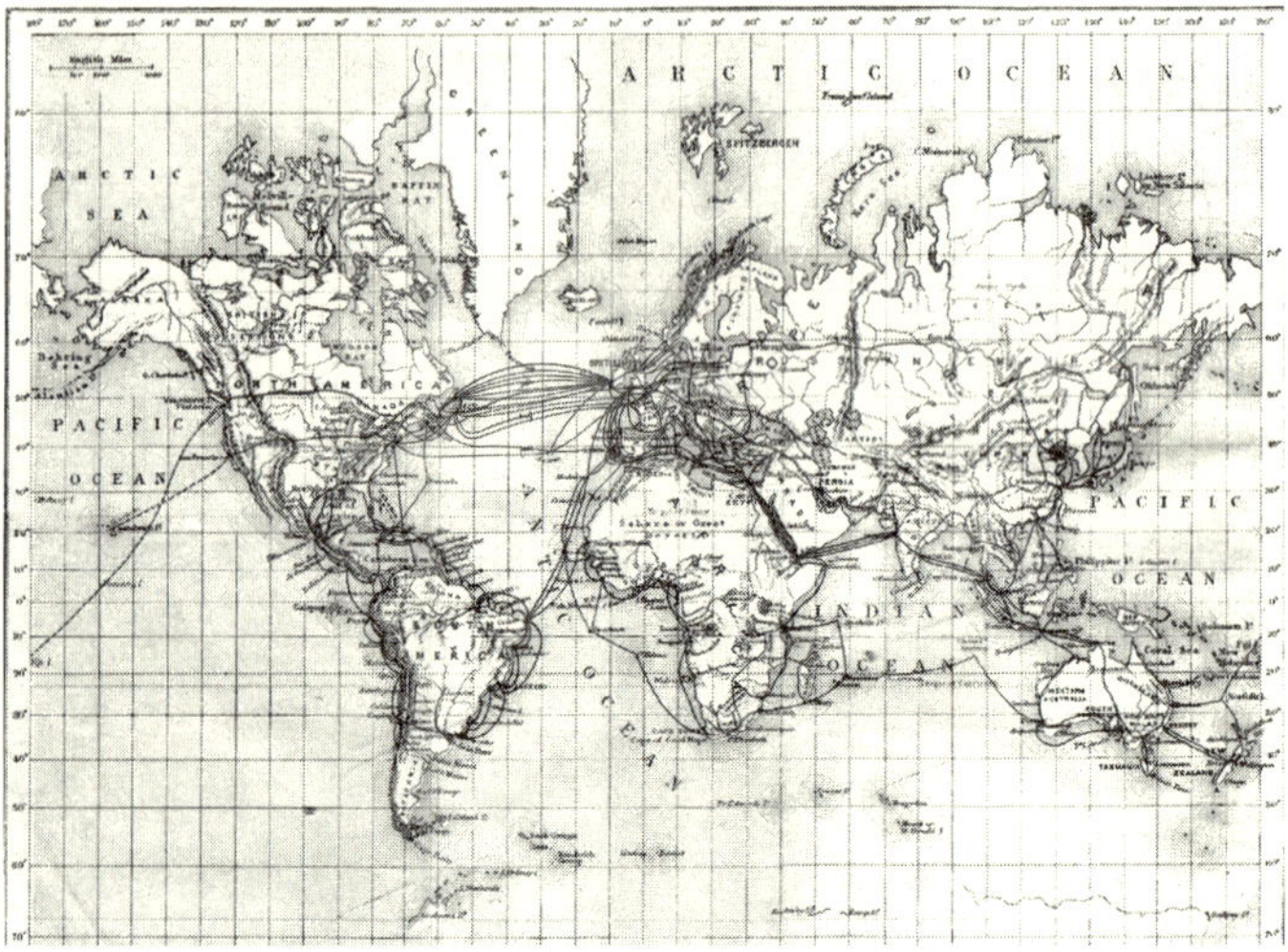

イギリス・イースタン電信会社のネットワーク（1901年）

海底ケーブルによって、世界があっというまに結びつけられることになった。それ以前には、たとえばイギリスからインドへの輸出は、数ヵ月前のインド市場の情報を用いなければならなかった。他国との金利情報の伝達にも時間がかかり、金利格差にもとづく短期移動が存在しなかった。それが、場合によっては、数日前の情報を使うことができるようになったのである。情報の信頼性が非常に増加したことに疑いの余地はない。資金の短期移動には、電信の発達が不可欠であった。

　電信の発達は、情報伝達スピードという点で、グーテンベルク革命以上の革新をもたらした。すなわち、人間が移動するよりも速く、情報が伝達されるようになったのである。ところが奇妙なことに、この事実はほとんど重視されない。また、電信網の普及は軍事情報の伝達が重要な要因であり、それが強調される傾向が強い。しかし、商業情報の伝達スピードに大きく影響し、商業がグローバル化する誘因となったことも忘れてはならない。商業網は世界中に広がり、商品連鎖はさらに拡大した。電信網の普及により、情報連鎖の正確性、スピードは飛躍的に増大した。

情報伝達方法の変化は、金融面でも根本的変革をもたらした。一九世紀末に電信がアジアに普及しなければ、おそらくロンドンを中心とする国際金本位制はこれほど速く世界を覆い尽くすことはできなかったはずである。

情報からみた統治システム

本質的に銀本位制であったアジア経済圏が、一八七〇年代にあっという間に金本位制に転換したのは、電信により、ロンドンの金融市場と直接つながるようになったからであろう。アジアのある都市から振り出された手形が、電信を使って、数日後にはロンドンで引き受けられるようになったのである。さらに、ロンドンを経由しないで、第三国間で直接取引できるようになった。そのうえ、イギリス系国際銀行を中核とし、多角決済システム（貿易の代金を支払うに際して、三国間以上で決済される制度。二国間での決済は双務決済という）の成立さえ可能にした。そのため、イギリス系国際銀行の資産総額は、国内の銀行よりも速く成長したのである。

それ以前であれば、その手形は、いくつもの貿易港に立ち寄り、最終的にロンドンで引き受けられるまで、数十日を要した。スエズ運河ができようが、インドで鉄道が発達しようが、電信がなければ、情報の伝達スピードは人間の移動速度よりも速くはなりえない。西村静也によれば、電信が未発達の一八五四年の時点で、イギリスからの外国手形は、原本一枚、複本二枚をつくり、別々の郵便船で引受地に送られるのがふつうであった。おそらく、外国為替が現地に着かない場合を想定した、リスク回避の行動であろう。

電信の登場は、その様相を一変させた。電信により、どこにどのような需要があるのか、瞬時に把握できるようになった。それ以前の商社は、膨大な在庫をかかえて、注文が来るのを待たなければならなかった。鉄道や蒸気船などの交通手段の発展もあり、在庫は大きく減少した。また、鉄道の敷設と電信の発展は同時に進行したことも忘れてはならない。

イギリス帝国の金融市場の発展は、電信なしでは考えられなかった。しかもイギリスの電信会社は当初は民間企業であったが、一八七〇年からは国有企業となった。二〇世紀前半にいたるまで、イギリスの電信事業は、政府主導型の公益事業であった。ここからも、政府が経済活動のインフラ整備に大きくかかわっていたことがわかる。

ロンドンは世界の情報の中心であり、それゆえに金融の中心となりえた。イギリスの工業がドイツ、フランスに追いつかれたあとでも、このようなシステムがあるかぎり、イギリス経済は金融面で他の追随を許さなかったのである。電信網が発達しなかったなら、イギリス帝国の統治システムは非常に非能率的だったはずである。それどころか、イギリス帝国は一体として機能しなかったかもしれない。電信の使用によって、商業慣行が国際的に統一化する傾向が生まれ、取引費用は著しく低下したと推測される。

いわゆる「国民国家」の誕生は、通信手段のこのような発達と無関係ではなかった。国民国家は、少なくともある程度は中央政府によって人為的に生み出されたが、情報伝達が速く正確であることが、国民を統治するために必要であった。国民意識だけで、国家が形成されるわけではない。

情報が国家機構を使って流れるかぎり、商人は、その情報を利用せざるをえず、商人のコスモポリタン性は薄れざるをえない。そのため近世の国際貿易商人を「無国籍」とよびえたのに対し、近代の国際貿易商人は「多国籍」とみなさざるをえなくなる。オランダからイギリスへのヘゲモニーの移行は、このような差異ももたらしたのである。さらに近代世界システムを情報のフローを中心にみるなら、この二国の差がきわめて大きいことも理解できよう。

近代の支配＝従属関係

私はすでに、近世の支配＝従属関係は、商品輸送によって発生すると論じた。商業資本主義の時代においては、商品を輸送する国・地域が輸送される国・地域を従属化させる。少なくとも、貿易面を重視するとそういう結論になる。

それに対し近代になると、第一次産品輸出国・地域が先進国・地域に従属するという傾向が生まれることは――従属度の相違があるとはいえ――、否定できないであろう。しかしそれには、工業国が第一次産品の輸送を担っていたことも寄与したはずである。さらに、商業情報の中心地が他地域を従属させることもあった。後進国は、その情報網に乗らなければ商業活動ができないからである。

そういうことは、ある程度近世にもあてはまるように思われよう。しかし、近世ヨーロッパの国家システムはかなり穴だらけのものであった。国家の枠組みを越えた商人の移動は非常に簡単であり、情報伝達に国家がかかわることは少なかった。

それに対し近代になると、電信の発達もあり、国家が大きな役割を果たした。どの国の商人もイギリスの電信網を使わざるをえず、ここにオランダとは比べものにならないほどの強力な「ヘゲモニー国家」イギリスが生まれたのである。国家の情報流通の掌握による、支配＝収奪関係がみられたかもしれないのだ。

このような議論は、ピーター・ケインとアントニー・ホプキンズによる「ジェントルマン資本主義」論とも親和性がある。彼らは、イギリスの帝国主義的拡張が、産業資本家ではなく、ロンドンの金融街であるシティの利害によるものだという説を提唱した。イギリスの資本主義の中心は、産業資本にはなかった。一六八八年から一九世紀中葉までは地主＝ジェントルマンが、それ以降は金融サービスの関係者が、イギリス資本主義の担い手であったと言った。このような理論に対して、産業革命の意義をあまりに軽んじているという批判が投げかけられているのは当然である。しかしケインが直接私に語ったのは、「われわれは産業革命の重要性を否定するのではない。産業革命によっても変わらなかったイギリスの特質を描きたかった」ということであった。

「ジェントルマン資本主義」とは、Gentlemanly Capitalism の訳語であり、Gentleman Capitalism の訳語ではない。接尾辞の -ly には、「～的な」という意味があり、「ジェントルマン的資本主義」のほうが正確な訳語である（ただし、ここでは訳語として定着しているので、「ジェントルマン資本主義」を使う）。「ジェントルマン」というと地主であるが、「ジェントルマン的」というと、「地主のような生活をしている」という意味になり、その中核にあたるのが、彼らの議論に従うならシティの金融業者ということになる。金融業者は、手数料で儲けるということを忘れてはならない。

イギリスは、たしかに最初の工業国家になった。そしてその商品はイギリス船で輸送され、イギリスで保険がかけられた。またイギリスが世界のあちこちで鉄道を建設するなら、それとともに電信の利用も増大し、イギリスの収入は増えた。イギリスは、海外への投資にさいして、工場や鉄道など（直接投資）だけではなく、公債や株式（間接投資）も多かったことで知られる。だからこそ、イギリスはジェントルマン資本主義の国だといわれるのである。

ロンドンの王立取引所（19世紀）

一八七〇年頃には、イギリスの工業はドイツやアメリカに追い抜かれ、イギリスは工業製品の輸出ではなく輸送業やサービス業の利益で儲ける国になった。しかしそれ以前から、起源をさかのぼるなら一六五一年の航海法発布から、イギリスは第二次世界大戦が終わるまで、一貫して輸送業を重視していたことも銘記しておくべきである。長期的にみれば、イギリスは輸送やサービス業の国であった。しかしまた、イギリスの産業革命が大分岐の第二段階を形成し、世界を大きく変えたことも事実である。

さらに、イギリスが直接投資をした地域が経済成長するなら、通信数が増えることになり、最終的には電信の使用料収入が増加することを見逃してはならない。イギリスは、一度海外でインフラストラクチャーを建設し、メンテナンスをすれば、そこからえられる手数料収入により利益をえることができた。植民地（公式帝国）はいうまでもなく、場合によっては植民地以外の地域（非公式帝国）が経済成長したとしても、その地域に電信を敷設しているかぎり、イギリスは利益を獲得することが可能だったのである。

このように、世界経済の成長と、イギリスの経済成長は大きくリンクしていた。シティを中心とする手数料収入で利益を生むことができることが、ジェントルマン資本主義の特徴であった。イギリスは、直接投資においてさえ、実はジェントルマン資本主義の国だったのである。

世界の経済活動によって最大の利益を入手することができた国は、イギリスであった。イギリスは世界の多くの経済活動を、自国の利益とすることができた。イギリスは、世界の経済の枠組みをつくり、巨額の利益を獲得したのである。

このようなことは、オランダには不可能であった。そもそもオランダがヘゲモニーを握っていた一七世紀には、それを実現させられる技術は存在しなかった。むしろオランダの活動こそが、イギリスの産業革命を生み出したという一面があった。さらに産業革命が生み出した電信が、イギリスのヘゲモニーに寄与したのである。

あとがき

本書がどのようないきさつで誕生したのか、正確には思い出せない。

しかし、川北稔先生と対談をさせていただいた『私と西洋史研究――歴史家の役割』（創元社、二〇一〇年）の上梓から少したって、この企画を担当された編集者の堂本誠二さんからお話をいただいたのは覚えている。当該テーマを専門としない研究者や学生が理解できるような歴史のシリーズ本をつくりたいということだった。

本書は、つねにそれを意識しながら書かれた。企画から一年半ほどで脱稿できたことになる。本当に企画書に書かれた内容の書物になったかどうかは、読者に判断していただくよりほかない。しかし、著者としては、専門の歴史家ばかりか、歴史に興味をもっている方に読んでいただけるように書いたつもりである。

一般の専門書と比較すると、本書が扱う時代は長く、範囲は広い。できるだけ欧米の最新の研究動向を活かしながら、私独自の視点も付け加え、近世から近代への推移が、経済史という側面からおわかりいただけるよう努力した。さまざまなテーマが取り上げられているが、それらを関連づけるよう心がけた。そのため、読みにくくならないよう配慮をした（と思いたい）。

私の専門が近世のバルト海貿易ということもあり、アルプス以北の北方ヨーロッパの記述が中心となった。アルプス以南の歴史を含めることは、さすがに私の手に余った。この地域のことに触れることを期待していた読者の方々には、申し訳ないとしかいいようがない。今後の課題とさせていただきたい。しかし、ヘゲモニー国家がオランダからイギリスに推移したこと、少なくとも北西ヨーロッパの経済成長がヨーロッパの他地域に比べて高かったと想定されることから、このような叙述もお赦しいただけると思う。

読者のみなさんは、筆者がグローバルヒストリーの潮流に対してやや批判的であることがご理解いただけよう。グローバルヒストリーの大分岐をめぐる議論は、あまりに単純ではないかと感じることが多い。ポメランツはイギリスと中国を、パルタサラティは、イギリスとインドを比較する。しかもポメランツは石炭の利用と大西洋経済形成に、パルタサラティは綿織物の販売に焦点をあてている。グローバルヒストリー研究でしばしばみられる、研究対象の極度の単純化ともいうべきアプローチで、複雑な現実の歴史をどこまでとらえられるのかは疑問というほかない。

そもそもヨーロッパ内部で地中海から北西ヨーロッパへの経済的重心の移動が生じ、その後、中国、インド、オスマン帝国を凌駕する——アジア全体というおおざっぱな枠組みではなく——過程を描くことこそが、「大分岐」を論じる場合の重要な視点ではないだろうか。

歴史家は、すべての事実を研究対象とすることはできない。何を研究対象として取り上げるかというのは、必然的に恣意的な行為となる。歴史家は、現実を単純化してとらえるほかない。しかし、その単純化があまりにいきすぎたとすれば、現実味のない歴史研究となるであろう。そのような歴史叙述では、読者の心に響かない。いわゆるグローバルヒストリー研究には、そのような危険性があることを、忘れてはならないであろう。

本書の執筆には、何よりも創元社編集部の堂本さんにお世話になった。企画の段階からあれこれ相談にのっていただき、どんどんと内容が変わっていく本書の行く末を心配されていたはずであるが、そんなことはおくびにも出さず無事上梓までもっていくように仕向けてくださった。また、何度もいただいたコメントが実に的確だったことには頭が下がる思いである。

ところで挑発的な発言になるが、私は、歴史書は文書館で書かれるとは思っていない。文書館はたしかに歴史家のメチエである。しかし史料は道具であり、その道具をどのように使うかは、歴史家の腕による。史料を読めば歴史が書けるという単純なものではないことは、誰にでもわかっていただけよう。あえていうなら、歴史家のレーゾンデートル（存在価値）は史料を読む行為自体ではなく、歴史叙述という行為にある。

史料を読むことと歴史叙述のあいだには、気が遠くなるほどの長い道のりがある。そのことを忘れてはならない。史料の読解と歴史叙述は単純には結びつけられない。いや、結びつけるべきではない。史料を読む行為の重要性は否定できない。しかしながら、史料の利用法は歴史家の主観にゆだねられるのであり、完全に客観的な史料分析などは存在しない。

また世の中には、史料に書かれていないことのほうが圧倒的に多い。しかも史料が残るかどうかは、偶然に左右される。その時代の全体像をとらえるという意味では、一次史料を徹底的に分析することにより、例外的な事例をもとにして、研究対象としている時代に光を当てるということにすらなりかねない。歴史家は、そのリスクを知るべきである。

すなわち、一次史料の徹底的な吟味にもとづいた歴史像でさえ、誤っている可能性は否定できない。そして、この難題を解決するための適切な処方箋は、残念ながら存在しない。どれほど、あるいはいかに丹念に史料を読んだところで、それが確固とした歴史像を提供すると考える根拠はどこにもないのだ。

史料がおのずから歴史を語るということはありえない。歴史家がどのように問いを発するかで、史料が提示する解答は変わる。史料は、歴史家が答えてほしいような解答を提示することさえある。正確にいえば、歴史家が史料をそのように解釈する。史料は狡猾であり、歴史家を欺こうとする。また、よく個別事例の研究を積み重ねれば、より大きな視点からの研究ができるようにいわれるが、私はそのようには思わない。それは、あまりにナイーヴな歴史解釈であろう。いくら個別事例の研究を積み重ねて新たな視点からの研究を生み出したとしても、より良い視点からの理論があれば、それまでの積み重ねが無価値とまではいわないが、価値は大きく薄れる。

より良い視点による説明を求め、歴史家はこれまで、無限ともいえるほど、解釈を変えてきたのである。歴史家が手にする史料は断片的なものであるのに対し、歴史家に必要とされるのは、世の中全体がどう動いたのかという視点である。そのことに対し、かつて二宮宏之氏は、歴史家は「細部に全体を見る」ことが大事だといった。それは歴史家の心構えとしては正しくとも、具体的方法論を提示したわけではない。しかも、その方法は、おそらく永遠に見つからないのである。

歴史叙述とは、虹を描く行為に似ている。虹という具体的な物質は存在しない。それは、光のスペクトルによる反射にすぎない。しかし虹の美しさは否定できない。史料を読み、それを分析することは、そのままでは一粒一粒の水滴の分析にすぎない。それは、本来の意味の歴史叙述ではない。むしろ、アーキヴィストの仕事であろう。

美しい虹を描くためには、どのような角度から光を当てるかという作業が大事なのであり、換言すればどのような視点から叙述をするのかが大切なのである。さらに角度が変わるからこそ、史料解釈が変わる。歴史の見方が変わるのである。さまざまな歴史解釈が可能なのは、いくつもの角度から史料に光が当てられるからである。そのようなことを――このままの形ではなかったが――教えてくださったのは、故・越智《おち》武臣《たけおみ》先生であった。

そして描かれる虹の美しさにより、歴史叙述の価値は決まると私は思う。他の多くの学問とは異なり、歴史に叙述性が要求されるのは、そのためであろう。読者の心に届く叙述をすることこそ、歴史家が本来求めるべきものであろう。その意味で、本書がいかほどのものであるのか、はなはだ心もとないのが残念である。

歴史家としての腕前を磨くためにも、さまざまな人々との意見の交換は必要不可欠である。史料や研究文献を読むという孤独な営みは、その体験を友人と共有することで生き生きとした歴史叙述になりうると、私は信じている。

本書の内容の一部は、私が勤務する京都産業大学の経済史入門Aの授業で、主として大学に入学ばかりの学生を相手に話した。さらに、二〇一〇年には大阪大学の「阪大歴史学の挑戦2」、二〇一一年には二度にわたり帝国書院の主催で高校の先生方向けの講演をさせていただいた。そのような機会をつうじてえられた反応も、本書に活かされている。

歴史とは、専門家だけがわかればよいという学問ではないことを、これらの人々から実感させられた。また、大学の教員の怠慢のせいもあり、本当に重要なことが高校生にまで伝わっておらず、本来なら歴史に興味をもっていただけるはずの人々の潜在需要を掘り起こせていないという気持ちがわいてきた。それは、本書執筆を強く後押しした。

多数の国内・海外の研究者からさまざまな助言を頂戴したことはいうまでもない。これらの人々のすべてにお礼申し上げる。本来ならご芳名を記して感謝すべきところだが、あまりに数が多いので、申し訳ないが省略させていただく。しかし私に助言していただいた方々、私の話を聞いてくださった方々、インスピレーションを与えてくださった方々に、謝意を表したい。

いわゆるグローバリゼーションとともに、私のようなものでさえ、海外での発表が増え、それにつれ、日本語で考えたことを英語で発表することの根本的な違いを感じるようになっている。

歴史学は、母語での発想を簡単に外国語に翻訳できるような学問ではないのであろう。日本語で考えたことを、英語に直して発表するたびに、本当に重要なことのいくつかが抜け落ちていくのを感じる。それは、おそらく私の英語能力のせいでもあろう。しかし、英語ではうまく表現できないことなどいくらでもあるはずだ。

言語が違い、生まれ育った環境が異なる人々から高い評価をえたとしても、それは彼らに対してアピール力がある作品を書いたにすぎず、日本人、場合によってはアジア人に対してはあまり説得力がないという可能性もある。なにも欧米の価値観がすべてではないことは、もはや誰も疑わないであろう。グローバリゼーションが進んだこんにちでさえ、このようにいわば解決しがたい意識の――ないし無意識の――相違を感じずにはいられないのだ。

いや、「欧米の価値観」というのは、やや不適切な表現かもしれない。現在では、歴史学においても、たとえフランスやドイツの研究でさえ、少なくとも国際学会においては、英語による発表を余儀なくされるようになっている。そうなると英語で表現できないことは意味を失い、ますます価値観が統一された歴史叙述しか生まれてこないことすら考えられる。日本語で論文や本を書くということがなくならないにしても、英語での業績に重点が移っていくとすれば、ヨーロッパ中心史観どころではなく、英語中心史観がはびこるおそれがあることは、多くの人が危惧することであろう。

しかもこの傾向は、当面、強まることはあれ、弱まることは考えられず、さらに悪いことに、これといった解決策もない。日本人研究者が日本語の論文だけを書いていればよかった時代は、もう過ぎ去った。英語文献を中心に研究するグローバルヒストリーの潮流が、ますますその傾向を強めているのかもしれない。

このようなグローバルヒストリーの研究スタイルに対する私のスタンスについて知っていただくために、ドイツに留学中のある大学院生に対して私が語った言葉を引用したい。

日本では、銀の流通といえばデニス・フリン（パシフィック大学教授）が有名だが、レナーテ・ピーパー（グラーツ大学教授）のほうが、ずっとすぐれていると思う。しかし、おそらく国際的にみても、フリンのほうがはるかに有名だ。日本では、ピーパーはほとんど無名に近い。それは、フリンが英語で書いているのに対し、ピーパーはドイツ語で書いているからだろう。でもね、いやしくも「グローバル」という言葉を使うのだったら、ピーパーの論文や本を読むという目配りぐらいはしてほしい。だって、ドイツ語で書いているんだから。すごくマイナーな言語で書いているわけではないんだ。しかも、近世ヨーロッパの経済史研究で、彼女ほど重要な研究をしている人は少ないと思う。

私は、日本語をのぞいて、アジアの言語がわからない。そのようなアジア人が、「グローバル」という言葉を使うことは、つつしむべきだと思う。私が本書をグローバルヒストリーの書物だと考えないのは、日本人が日本語以外のアジアの言語を使わずして、グローバルヒストリーを書くことは不可能だと信じているからである。英語で論文や書物を書くということと、英語と日本語しか参考文献がないような作品を残すことは、意味が決定的に異なる。

私はアジアの言語とは異なり、ヨーロッパの言語については、少しだけではあるが勉強してきた。論文を書くにあたっては、対象とする地域の研究史をできるだけ把握するようにつとめてきた。そうすることで、歴史のひだを理解しようとした。そのような研究を信条とする人間にとって、ほとんど英語文献だけしか使わず、したがってほとんどもっぱら英語文献に依拠して研究史を中心にして叙述することなど、できるはずがない。

どのような言語で書いたとして、同じ水準の研究であれば、等価値であることは言を俟たない。たとえ英語だけが「世界語（the world language）」になったとしても、それを忘れるべきではない。また、本書は母語で書いている以上、「英語はネイティヴではないのでうまく表現できなくて」と、私が英語論文を書くときによく使う言い訳が通用しないのは当然である。

読者には、本書を通して、どのような虹が見えるのであろうか。本書が、この「あとがき」含めて、美しい虹を描き、日本語の読者の心に届く作品になっていることを、祈るばかりである。


なお、本書の内容については、一部、以下の研究をもとに再構成した。


「ヨーロッパ近代国家形成をめぐる一試論――『軍事革命』・『軍事財政国家』・『プロテスタント・インターナショナル』」『歴史の理論と教育』第九五号、一九九七年、一～一〇頁。

（杉浦未樹との共著）「英蘭財政史（一五六八～一八一五）――比較史的アプローチ」『経済経営論叢』第三四巻第三号、一九九九年、三四～六〇頁。

（井内太郎との共著）「ヨーロッパの財政国家をめぐる諸問題」『西洋史学報』第三一号、二〇〇四年、五一～六九頁。

「『情報の世界史』構築に向けて」『京都マネジメント・レビュー』第一三号、二〇〇八年、一一～一八頁。

"Amsterdam, London und Hamburg – A Tale of Three Cities. Niederländishce Beiträge zur europäischen Wirtschaft und zum Aufstieg des british Empire", *Hamburger Wirtschafts-Chronik* Neue Folge Band 7, 2007-2008, S.61-90.

“The Baltic as a shipping and information area: The role of Amsterdam in Baltic integration in early modern Europe”, *Asia Europe Journal*, Vol.8., No.3, 2010, pp. 347-358.
“An Agenda for Constructing a World History of Information”,『大阪経大論集　奥田聡先生追悼号』第六一巻第一号、二〇一〇年、三五〜四五頁。(「『情報の世界史』構築に向けて」をベースにして英語化したもの)
Leos Müller, Philipp Robinson Rössner and Toshiaki Tamaki (eds.), *The Rise of the Atlantic Economy and the North Sea / Baltic Trades, 1500–1800*, Stuttgart, 2011.
「『近代世界システム』と商人のネットワーク——近世ヨーロッパの特徴」『京都マネジメント・レビュー』第一八号、二〇一一年、八一〜九五頁。

また、本書のベースになった研究にかんして、以下の研究助成をいただいた。記して感謝の意を表す次第である。

京都産業大学第二次総合研究支援制度「特定課題研究」「近世ハンブルクの貿易」平成二一〜二三年度
日本学術振興会・学術研究助成助成金　挑戦的萌芽「情報の世界史（近世〜現代）」平成二三〜二五年度

パリにて　玉木俊明

二〇一二年三月

図表出典

表2-1　ロンドンからの標準毛織物輸出量
出典：F. J. Fisher, *London and the English Economy* 1500-1700, London and Ronceverte, 1990, p. 82.

表4-3　イギリス、フランスの直接税・間接税比率
出典：Peter Mathias and Patrick Karl O'Brien, "Taxation in Britain and France, 1750-1810: A Comparison of the Social and Economic Incidence of Taxes Collected for the Central Governments", *Journal of European Economic History*, Vol. 6, No.3, 1976, p. 622.

図4-1　イギリスの輸出入額
出典：E. B. Schumpeter, *English Overseas Trade Statistics, 1697-1808*, Oxford, 1960, Table V, VIから計算、作成。

図4-2　フランスの輸出入額
出典：服部春彦『フランス近代貿易の生成と展開』ミネルヴァ書房、1992年、62〜63頁。

表4-4　イギリスの戦費負担
出典：Larry Neal, "Interpreting Power and Profits in Economic History: A Case Study of Seven Years War", *Journal of Economic History*, Vol. 37, No. 1, p. 31.

図5-1　奴隷輸送船の船籍
出典：http://www.slavevoyages.org/tast/assessment/estimates.faces

図5-2　奴隷上陸地域
出典：http://www.slavevoyages.org/tast/assessment/estimates.faces

――カリブ海からバルト海まで』同文舘、1997年。

フランク、グンダー（山下範久訳）『リオリエント』藤原書店、2000年。

ブリュア、ジョン（大久保桂子訳）『財政=軍事国家の衝撃――戦争・カネ・イギリス国家 1677－1783』名古屋大学出版会、2003年。

ブローデル、フェルナン（山本淳一、村上光彦訳）『物質文明・経済・資本主義』全6冊、みすず書房、1985～1996年。

マグヌソン、ラース（熊谷次郎、大倉正雄訳）『重商主義――近世ヨーロッパと経済的言語の形成』知泉書館、2009年。

マグヌソン、ラース（玉木俊明訳）『産業革命と政府――国家の見える手』知泉書館、2012年。

マン、トーマス（渡辺源次郎訳）『外国貿易によるイングランドの財宝』東京大学出版会、1965年。

ミュラー、レオス（玉木俊明、根本聡、入江幸二訳）『近世スウェーデンの貿易と商人』嵯峨野書院、2006年。

ミンツ、S・W（川北稔、和田光弘訳）『甘さと権力――砂糖が語る近代史』平凡社、1988年。

リグリィ、E・A（近藤正臣訳）『エネルギーと産業革命――連続性・偶然・変化』同文舘出版、1991年。

■ URL

http://www2.lse.ac.uk/economicHistory/Research/GEHN/Home.aspx
http://www2.lse.ac.uk/economicHistory/Research/GEHN/network/GEHNMission.aspx
http://www.slavevoyages.org/tast/assessment/estimates.faces

■邦文翻訳文献

アンダーソン、ベネディクト（白石さやか、白石隆訳）『想像の共同体――ナショナリズムの起源と流行』増補版、NTT出版、1997年。

ウィリアムズ、エリック（中山毅訳）『資本主義と奴隷制――ニグロ史とイギリス経済史』理論社、1968年。

ウォーラーステイン、イマニュエル（川北稔訳）『近代世界システム――農業資本主義とヨーロッパ世界経済の成立』I・II、岩波書店、1981年。

ウォーラーステイン、イマニュエル（川北稔訳）『近代世界システム――重商主義と「ヨーロッパ世界経済の凝集」』名古屋大学出版会、1993年。

ウォーラーステイン、イマニュエル（川北稔訳）『近代世界システム 1730s-1840s 大西洋革命の時代』名古屋大学出版会、1997年。

エリオット、J. H.（藤田一成訳）『スペイン帝国の興亡 1469～1716』岩波書店、1982年。

オブライエン、パトリック「イギリス税制のポリティカルエコノミー――1660～1815年」（秋田茂、玉木俊明訳）『帝国主義と工業化――イギリスとヨーロッパからの視点』ミネルヴァ書房、2000年所収、165～204頁。

クラーク、グレゴリー（久保恵美子訳）『10万年の世界経済史』上・下、日経BP社、2009年。

ケイン、P・J、A・G・ホプキンズ（木畑洋一、旦裕介、竹内幸雄、秋田茂訳）『ジェントルマン資本主義の帝国』I・II、名古屋大学出版会、1997年。

コリー、リンダ（川北稔監訳）『イギリス国民の誕生』名古屋大学出版会、2000年。

シュムペーター、J・A（木村元一、小谷義次訳）『租税国家の危機』岩波文庫、1983年。

ゾンバルト、ヴェルナー（金森誠也訳）『戦争と資本主義』論創社、1996年。

タールト、マーヨレイン（玉木俊明訳）「17世紀のオランダ――世界資本主義の中心から世界のヘゲモニー国家へ？」松田武、秋田茂編『ヘゲモニー国家と世界システム――20世紀をふりかえって』山川出版社、2002年、17～76頁。

ティールホフ、ミルヤ・ファン（玉木俊明、山本大丙訳）『近世貿易の誕生――オランダの「母なる貿易」』知泉書館、2005年。

ノース、ダグラス・C（竹下公視訳）『制度、制度変化、制度成果』、晃洋書房、1993年。

ノース、ダグラス・C、ロバート・P・トマス（速水融、穐本洋哉訳）『西欧世界の勃興』ミネルヴァ書房、1994年。

パーカー、ジェフリ（大久保佳子訳）『長篠の合戦の世界史――ヨーロッパの軍事革命の衝撃』同文舘、1995年。

ビュテル、ポール（深沢克己、藤井真理訳）『近代世界商業とフランス経済

選書メチエ、2001年、103〜121頁。

玉木俊明『北方ヨーロッパの商業と経済　1550〜1815年』知泉書館、2008年。

玉木俊明「『情報の世界史』構築に向けて」『京都マネジメント・レビュー』第13号、2008年、1〜18頁。

玉木俊明『近代ヨーロッパの誕生——オランダからイギリスへ』講談社選書メチエ、2009年。

玉木俊明「『近代世界システム』と商人のネットワーク——近世ヨーロッパの特徴」『京都マネジメント・レビュー』第18号、2011年、81〜95頁。

玉木俊明・杉浦未樹「英蘭財政史（1568-1815）——比較史的アプローチ」『経済経営論叢』第34巻第3号、1999年、34〜60頁。

中沢勝三『アントウェルペン国際商業の世界』同文舘出版、1993年。

西村静也『国際金本位制とロンドン金融市場』法政大学出版会、1980 年
西村静也「英系国際銀行とアジア、1890〜1913 年(2)」『経営志林』第 40 巻第 4 号、2004 年、1〜29頁。

二宮宏之『フランス　アンシアン・レジーム論——社会的結合・権力秩序・叛乱』岩波書店、2007年。

根本聡「16・17世紀スウェーデンの帝国形成と商業——バルト海支配権をめぐって」『関西大学論叢』第3号、2000年、1〜19頁。

根本聡「ストックホルムの成立と水上交通」『歴史学研究』第756号、2001年、56〜76頁。

根本聡「海峡都市ストックホルムの成立と展開——メーラレン湖とバルト海のあいだで」村井章介責任編集『シリーズ港町の世界史1　港町と海域世界』青木書店、2006年、365〜397頁。

服部春彦『フランス近代貿易の生成と展開』ミネルヴァ書房、1992年。

服部春彦『経済史上のフランス革命・ナポレオン時代』多賀出版、2009年。

深沢克己『商人と更紗——近世フランス=レヴァント貿易史研究』東京大学出版会、2007 年。

深沢克己編著『ヨーロッパ近代の探究　国際商業』ミネルヴァ書房、2002年。

藤井真理『フランス・インド会社と黒人奴隷貿易』九州大学出版会、2001年。

星名定雄『情報と通信の文化史』法政大学出版会、2006 年。

松井透『世界市場の形成』岩波書店、1991年。

松田武・秋田茂編『ヘゲモニー国家と世界システム——20世紀をふりかえって』山川出版社、2002年。

森新太「ヴェネツィア商人たちの『商売の手引』」『パブリック・ヒストリー』第7号、2010年、76〜85頁。

山本大丙「商人と『母なる貿易』——17世紀初期のアムステルダム商人」『史観』第152冊、2005年、52〜73頁。

■**邦文文献**

秋田茂「グローバルヒストリーの挑戦と西洋史研究」『パブリック・ヒストリー』第5号、2008年、34〜42頁。

井内太郎・玉木俊明「ヨーロッパの財政国家をめぐる諸問題」『西洋史学報』第31号、2004年、51〜60頁。

今井宏編訳『十七世紀危機論争』創文社、1975年。

入江幸二『スウェーデン絶対王政研究——財政・軍事・バルト海帝国』知泉書館、2005年。

岩切正介『男たちの仕事場——近代ロンドンのコーヒーハウス』法政大学出版局、2009年。

大塚久雄『国民経済——その歴史的考察』講談社学術文庫、1994年。

越智武臣『近代英国の起源』ミネルヴァ書房、1966年。

金七則男『エンリケ航海王子——大航海時代の先駆者とその時代』刀水書房、2004年。

川北稔『工業化の歴史的前提——帝国とジェントルマン』岩波書店、1983年。

川北稔「近代ロンドン史の二つの顔——首都から帝都へ」『日本史研究』第404号、1996年、32〜49頁

川北稔「『政治算術』の世界」『パブリック・ヒストリー』創刊号、2004年、1〜18頁。

川北稔『イギリス近代史講義』講談社現代新書、2010年。

川北稔（聞き手　玉木俊明）『私と西洋史研究——歴史家の役割』創元社、2010年。

坂本優一郎「18世紀のロンドン・シティとイギリス政府公債」『西洋史学』第200号、2001年、2〜25頁。

杉浦未樹「アムステルダムにおける商品別専門商の成長　1580〜1750年——近世オランダの流通構造の一断面」『社会経済史学』第70巻第1号、2004年、49〜70頁。

谷川稔・鈴木健夫・村岡健次・北原敦『世界の歴史 近代の情熱と苦悩』中公文庫、2009年

谷澤毅「ライプツィヒの通商網——ドイツ・中央における内陸商業の展開」深沢克己編著『近代ヨーロッパの探究　国際商業』ミネルヴァ書房、2002年、21〜49頁。

谷澤毅『北欧商業史の研究——世界経済の形成とハンザ商業』知泉書館、2011年。

玉木俊明「ヨーロッパ近代国家形成をめぐる一試論——『軍事革命』・『軍事財政国家』・『プロテスタント・インターナショナル』」『歴史の理論と教育』第95号、1997年、1〜10頁。

玉木俊明「オランダのヘゲモニー」川北稔編『ウォーラーステイン』講談社

maritime de l'Europe du Nord-Ouest, Thèse de Doctorat d'histoire, Univerité de Montaigne Bordeaux III, 1995, tome 1, pp.203-307.

Voss, Peter, "A Community in Decline?: The Dutch Merchants in Bordeaux, 1650-1750", in C. Lesger and L. Noodegraaf (eds.), *Entrepreneurs and Entrepreneurship in Early Modern Times: Merchnats and Industralists within the Orbit of the Dutch Staple Market*, The Hague, 1995, pp.43-52.

Voss, Peter, "»Eine Fahrt von wenig Importantz?« Der hansische Handel mit Bordeaux", in A. Grassmann (Hg.), *Niedergang oder Übergang?: zur Spätzeit Hanse im 16. und 17. Jahrhundert*, Köln, 1998.

Wallerstein, Immanuel, *The Modern World System* IV: *Centrist Liberalism Triumphant, 1789-1914*, California, 2011.

Weber, Klaus, *Deutsche Kaufleute im Atlatikenhandel 1680-1830*, München, 2004.

Wijnroks, Eric H., *Handel tussen Rusland en de Nederlanden, 1560-1640: Een netwerkanalyse van de Antwerpse en Amsterdamse kooplieden, handelend op Rusland*, Hilversum, 2003.

Williamson, Jeffrey, "Why Was British Growth so slow during the Industrial Revolution", *Journal of Economic History*, Vol. 44, No. 3, 1984, pp. 687-712.

Williamson, Jeffrey, "Debating the British Industrial Revolution", *Explorations in Economic History*, Vol. 24, No. 3, 1987, pp. 262-292.

Wilson, C. H., *Anglo-Dutch Commerce and Finance in the Eighteenth Century*, Cambridge, 1944 (1966).

Wilson, C. H., "Treasure and Trade Balances: The Mercantilist Problem", *Economic History Review*, 2nd ser., Vol. 2, 1949, pp. 152-161.

Wilson, C. H., "Treasure and Trade Balances: Further Evidence", *Economic History Review*, 2nd ser., Vol.4, 1952, pp. 231-242.

Xabier, Lamikiz, *Trade and Trust in the Eighteenth-Century Atlantic World: Spanish Merchants and Their Overseas Networks*, London, 2010.

Zanden, Jan Luiten van,"Common Workmen, Philosophers and the Birth of the European Knowledge Economy: About the Price and the Production of Useful Knowledge in Europe 1350-1800" (pdf-file, 169 Kb), paper for the GEHN conference on Useful Knowledge, Leiden, September 2004: revised 12 October 2004.

Zanden, Jan Luiten van, "De timmerman: De boekdrukker en het ontstaan van de Europese kenniseconomie over de prijs en het aanbod van kennis voor de industriele Revolutie", *Tijdschrift voor Sociale en Economische Geschiedenis*, Vol. 2, No. 1, 2006, pp. 105-120.

Zanden, Jan Luiten van, *The Long Road to the Industrial Revolution: The European Economy in a Global Perspective, 1000-1800*, Leiden, Boston, 2009.

Diaspora and the Crisis of the Spanish Empire, 1492-1640, Oxford, 2007.
Tamaki Toshiaki, "'Fiscal-Military State', Diaspora of Merchants and Economic Development in Early Modern Northern Europe: Diffusion of Information and its Connections with Commodities",「グローバルヒストリーの 構築とアジア世界」平成 17–19 年度科学研究費補助金（基盤研究(B)研究成果報告書）、2008年、69〜86頁。
Tamaki Toshiaki, "Amsterdam, London und Hamburg – A Tale of Three Cities. Niederländishce Beiträge zur europäischen Wirtschaft und zum Aufstieg des british Empire", *Hamburger Wirtschafts-Chronik* Neue Folge Band 7, 2007-2008, S. 61-90.
Tamaki Toshiaki, "The Baltic as a Shipping and Information Area: The Role of Amsterdam in Baltic Integration in Early Modern Europe", *Asia Europe Journal,* Vol. 8., No. 3, 2010, pp.347-358.
Tamaki Toshiaki, "An Agenda for Constructing a World History of Information",『大阪経大論集　奥田聡先生追悼号』第61巻第1号2010年、35〜45頁。
Tielhof, Milja van, "Der Getreidehandel der Danziger Kaufleute in Amsterdam um die Mitte des 16. Jahrhundert", *Hansische Geschichtblätter*, Bd. 113,1995, S. 93-110.
Topik, Steven, Carlos Marichael and Zephyr Frank (eds.), *From Silver to Cocaine: Latin American Commodity Chains and the Building of the World Economy, 1500-2000*, Durham and London, 2006.
Tracy, James D., *A Financial Revolution in the Habsburg Netherlands: Renten and Rentiners in the Country of Holland*, Berkelay, Los angleles and London, 1985, pp. 143-175.
Tracy, James D. (ed.), *The Rise of Merchant Empires: Long Distance Trade in Early Modern World*, 1350-1750, Cambridge, 1991.
Tracy, James D. (ed.), *The Political Economy of Merchant Empires: State Power and World Trade, 1350-1750*, Cambridge, 1991.
Trivellato, Francesca, *The Familiarity of Strangers: The Sephardic Diaspora, Livorno and Cross-Cultural Trade in Early Modern Period*, New Heaven and London, New Heaven, 2009.
Unger, W.S., "Trade through the Sound in the Seventeenth and Eighteenth Centuries", *Economic History Review*, 2nd ser., Vol. 12,No.2, 1959, pp.206-221.
Veluwenkamp, Jan Willem, *Archangel: Nederlandse Ondernemers in Rusland 1550-1785*, Amsterdam, 2000.
Vogel, Walter, "Beitrage zur Statistik der Deutchen Seeschiffart im 17. und 18. Jahrhundert II", *Hansische Geschichtsblätter*, Bd. 57,1932, S.78-151.
Voss, Peter, *Bordeaux et les villes hanseatuques 1672-1715: Contrubution à l'histoire*

Postma, Johannes, *The Dutch in the Atlantic Slave Trade,* Cambridge, 1990.
Postma, Johannes and Victor Enthoven, *Riches from Atlantic Commerce: Dutch Trasatlantic Trade and Shipping, 1585-1817*, Leiden 2003.
Pourchasse, Pierrick, *Le commerce du Nord: Les échanges commerciaux entre la France et l'Europe septentrionale au XIIIe siècle,* Rennes, 2006.
Ramsay, G. D., *English Overseas Trade during the Centuries of Emergence: Studies in Some Modern Origins of the English-speaking World,* London, 1957.
Ramsay, G. D., *The City of London in International Politics at the Accession of Elizabeth Tudor*, Manchester, 1975.
Ramsay, G. D., *The Queen's Merchants and the Revolt of the Netherlands*, Manchester, 1986.
Ribeiro da Silva, Filipa, *Dutch and Portuguese in Western Africa: Empires, Merchants and the Atlantic System*, Leiden, 2011.
Riley, C., *International Government Finance and the Amsterdam Capital Market, 1740-1815*, Cambridge, 1980.
Roberts, Michael, *The Military Revolution 1560-1660*, Belfast, 1956.
Roberts, Michael, *The Swedish Imperal Experience, 1560-1718*, Cambridge, 1979.
Rössner, Philipp Robinson, "Structural Change in European Economy and Commerce, 1660-1800 : Lessons from Scotland's and Hamburg's Overseas Trades",『京都産業大学　世界問題研究所紀要』第27号、2011年、25～62頁。
Samuelsson, Kurt, *De stora köpmanshusen i Stockholm 1730-1815: En Studie i svenska handelskapitalismens historia*, Stockholm, 1951.
Samuelsson, Kurt, "Swedish Merchant-Houses, 1730-1815", *Scandinavian Economic History Review*, Vol. 3, No.2,1955, pp.163-202.
Sandström, Åke, *Mellan Torneå och Amsterdam: En undersökning av Stockholms roll som förmeldeare av varor i regional-och utrikeshandel 1600-1650*, Stockholm, 1990.
Savary, Jacques, *Le parfait Négociant*, Paris, 1675 (rep.1995).
Schulte-Beerbühl, Margrit, *Deutsche Kaufleute in London: Welthandel und Einbürgerung, 1660-1880*, München, 2007.
Schumpeter, E.B., *English Overseas Trade Statistics 1697-1808*, Oxford, 1960.
Spooner, Frank C., *The International Economy and the Monetary Movements in France, 1493-1725,* Cambridge, Mass., 1972.
Spufford, Peter, "From Antwerp and Amsterdam to London: The Decline of Financial Centres in Europe", *De Economist*, 154, No. 2, 2006, pp. 143-175.
Stein, Robert Louis, *The French Sugar Business in the Eighteenth Century*, Baton Rouge and London, 1988.
Stiles, A., *Sweden and the Baltic, 1523-1721*, London, 1992.
Studnicki-Gizbert, Daviken, *A Nation Upon the Ocean Sea, Portugal's Atlantic*

England", *Journal of Economic History*, Vol. 49, No. 4, pp. 803-832.
North, Michael, "Hamburg: The 'Continent's most English City", in Michael North, *From the North Sea to the Baltic: Essays on Commercial, Monetary and Agrarian History, 1500-1800*, Aldershot, V, 1996, pp. 1-13.
O'Brien, Patrick Karl, "European Economic Development: The Contribution of the Periphery, 1492-1789", *Economic History Review*, 2nd ser., Vol. 35, No. 1, 1982, pp.1-18.
O'Brien, Patrick Karl, "Fiscal Exceptionalism: Great Britain and its European Rivals From Civil War to Triumph at Trafalgar and Waterloo", Working Paper, No. 65/01, London School of Economics, 2001.
O'Brien, Patrick Karl, "The Global Economic History of of European Expansion", in V. Bulmer-Thomas et al (eds.), *Cambridge Economic History of Latin America*, Cambridge vol.1 2006, pp.7-42.
O'Brien, Patrick Karl, "The Contributions of Warfare with Revolutionary and Napoleonic France to the Consolidation and Progress of the British Industrial Revolution", Working Paper 150/11, London School of Economics, 2011.
Ojala, Jari, "The Problem of Information in Late Eighteenth and Early Nineteenth-Century Shipping: A Finnish Case", *International Journal of Maritime History*, Vol. 16, No.1, 2002, pp.189-208.
Ormrod, David, *The Rise of Commercial Empires: England and the Netherlands in an Age of Mercantilism, 1650-1770*, Cambridge, 2003.
Ormrod W. W., M. Bonney and R. Bonney (eds.), *Crises, Revolutions and Self-Sustained Growth: Essays in European Fiscal History, 1130-1830*, Stamford, 1999.
Parthasarathi, Prasannan, *Why Europe Grew Rich and Asia Did Not: Global Economic Divergence, 1600-1850*, Cambridge, 2011.
Petersson, Astrid, "Zuckersiedergewerbe und Zuckerhandel in Hamburg im Zeitraum von 1814 bis 1834: Entwicklung und Struktur zweier wichtiger Hamburger Wirtschaftsweige des vorindustriellen Zeitalters", *Vierteljahrschrift für Sozial- und Wirtschaftsgeschichte*, Beihefte, Nr. 140, 1998.
Pohl, Hans, "Die Beziehungen Hamburgs zu Spanien und dem spanischen Amerika in der Zeit von 1740 bis 1806", *Vierteljahrschrift für Sozial- und Wirtschaftsgeschichte*, Beiheft, Nr.45, 1963.
Pollard, Sindey, *Peaceful Conquest: The Industrialization in Europe 1760-1790*, Oxford, 2002.
Pomeranz, Kenneth, *The Great Divergence: China, Europe, and the Making of the Modern World Economy*, Princeton, N. J, 2000.
Postlethwayt, Malachy, *The Universal Dictionary of Trade and Commerce*, 2 Vols. , London, 1757.

Bordeaux and the United States, 1793-1815", *Business History Review*, Vol. 79, 2005, pp.811-844.

Mathias, Peter and Patrick K. O'Brien, "Taxation in Britain and France, 1715-1810: A comparison of the Social and Economic Incidence of Taxes Collected for the Central Governments", *Journal of European Economic History*, 1976, Vol. 5, No.3, pp. 601-650.

Mokyr, Joel, "Has the Industrial Revolution been Crowded Out?", *Explorations in Economic History,* Vol. 24, No. 4, 1987, pp. 293-319.

Mokyr, Joel, *Lever of Riches: Technological Creativity and Economic Progress*, Oxford and New York, 1992.

Mokyr, Joel, *The Gifts of Athena: Historical Origins of the Knowledge Economy*, Princeton, 2004.

Mokyr, Joel, *The Enlightened Economy: An Economic History of Britain, 1700-1850,* New Heaven, 2010.

Mols, Roger, "Population in Europe, 1500-1700", in Carlo M. Cipolla, (ed.), *Fontana Economic History of Europe*, V, Glasgow, 1974, pp. 15-82.

Morineau, M., "La Balance du Commerce Franco-Nederlandais et la Resserment Économique des Provinces Unies au XVIIIe siècle", *Economisch-Historisch Jaarboek*, Vol. 30, 1965, pp.170-235.

Müller, Leos, *The Merchant Houses of Stockholm, c. 1640-1800: A Comparative Study of Early-Modern Entrepreneurial Behavior*, Uppsala 1998.

Müller, Leos and Jari Ojala (eds.), *Information Flows: New Approaches in the Historical Study of Business Information,* Helsinki, 2007.

Müller, Leos, Philipp Robinson Rössner and Toshiaki Tamaki (eds.), *The Rise of the Atlantic Economy and the North Sea / Baltic Trades, 1500–1800*, Stuttgart, 2011.

Murphy, Anne L., *The Origins of English Financial Markets: Investment and Speculation before the South Sea Bubble*, Cambridge, 2009.

Neal, Larry, *The Rise of Financial Capitalism: International Capital Markets in the Age of Reason*, Cambridge, 1990.

Nef, J. U., *The Rise of the British Coal Industry*, London, 1932.

Newman, K., *Anglo-Hamburg Trade in the Late Seventeenth and Early Eighteenth Centuries*, unpublished Ph.D. thesis, University of London, 1979.

Newman, K.,"Hamburg in the European Economy, 1660-1750", *Journal of European Economic History*, Vol. 14, No.1, 1985, pp. 57-94.

Newman, S. J., *Russian Foreign Trade, 1680-1780: the British Contribution,* unpublished Ph.D.Thesis, University of Edinburgh ,1985.

North, Douglass, C. and Barry Weingast, "Constitutions and Commitment: The Evolution of Institutions Governing Public Choice in the Seventeenth-Century

27-53.
Koot, Christian J., *Empire and Periphery: British Colonists, Anglo-Dutch Trade, and the Development of the British Atlantic, 1621-1713*, New York and London, 2011.
Kooy, T.P. van der, *Hollands stapelmarkt en haar verval*, Amsterdam, 1931.
Laakso, Seija-Riita, *Across the Oceans: Development of Overseas Business Information Transmission 1815-1875*, Helsinki, 2007.
Lesger, Clé, "De mythe van de Hollandse wereldstapelmarkt in de zeventiende eeuw", *NEHA-Jaarboek*, No. 62, 1999, pp. 6-25.
Lesger, Clé, *The Rise of the Amsterdam Market and Information Exchange: Merchants, Commercial Expansion and Change in the Spatial Economy of Low Countries, c. 1550-1630*, Aldershot, 2006.
Lesger, Clé and Leo Noordegraaf (eds.), *Entrepreneurs and Entrepreneurship in Early Modern Times: Merchants and Industrialists within the Orbit of the Dutch Staple Markets*, Den Haag, 1995.
Lesger, Clé and Eric Wijnroks, "The Spatial Organization of Trade: Antwerp Merchants and the Gateway Systems in the Baltic and the Low Countries c.1550", in Hanno Brand (ed.), *Trade, Diplomacy and Cultural Exchanges; Continuity and Change in the North Sea Area and the Baltic c. 1350-1750*, Hilversum, 2005, pp. 15-35.
Lindegren, Jan, "The Swedish 'Military State', 1560-1720", *Scandinavian Journal of History*, Vol. 10, No. 4, 1985, pp. 305-336.
Lucassen, Jan, "Immigranten in Holland 1600-1800: Een kwantitatieve benadering", Centrum voor de Geschidenis van Migranten Working Paper 3,Amsterdam, 2002.
McCusker, John J.,"The Decline of Distance: The Business Press and the Origins of the Information Revolution in Early Modern Atlantic World", *American Historical Review*, Vol. 110, No. 2, 2005,pp.295-321.
McCusker John J. and C. Gravesteijn, *The Beginnings of Commercial, Financial Journalism: The Commodity, Price Currents, Exchange Rates, and Money Currents of Early Modern Europe*, Amsterdam, 1991.
MacLead, Murad, J, *Spanish Central America: A Socioeconomic History 1520-1720*, Berkerley, 1973.
Maczak, A., "The Sound Toll Accounts and the Balance of English Trade with the Baltic Zone, 1565-1646", *Studio Historiae Oeconomicae*. Vol. 3, 1968, pp. 93-113.
Magnusson, Lars, *Sveriges Ekonomiska Historia*, Stockholm, 1996.
Marzagalli, Silvia, *Les Boulevards de la Fraude: Le négoce maritime et le Blocus continnental 1806-1813: Bordeaux, Hamburg, Livourne*, 1999, Lille.
Marzagalli, Silvia, "Establishing Transatlantic Trade Networks in Time of War:

Heckscher, Eli F.,"Den europeiska koppermarknaden under 1600-talet", *Scandia*, Vo,11, 1938, s. 214-279.

Heckscher, Eli. F., *Svereiges Economiska Historia från Gustav Vasa,* Tjerdje boken, *Den Moderne Sveriges Grundläggning 1720-1815*, Stockholm, 1949.

Heckscher, Eli. F., *The Continental System: An Economic Interpretation*, Charleston, 2009.

Heim, Carol E. and Philip Mirowsk, "Interest Rates and Crowding-Out during Britain's Industrial Revolution", *Journal of Economic History*, Vol. 47, No. 1,1987, pp. 117-139.

't Hart, Marjolein, *The Making of a Bourgeois State: War, Politics, and Finance during the Dutch Revolt*, Manchester and New York, 1993.

't Hart, Marjolein, Joost Jonker and Jan, Luiten van Zanden (eds.), *A Financial History of The Netherlands*, Cambridge, 1997.

Hsia, R. Po-Cha and H. F. K. Nierop (eds.), *Calvinism and Religious Toleration in the Dutch Golden Age*, Cambridge, 2002.

Huhn, F.K., *Die Handelsbeziehungen zwischen Frankreich und Hamburg im 18. Jahrhundert unter besonderer Berücksichtigung der Handelsverträge von 1716 und 1769*, Dissertation zur Erlagung der Doktorwurde der Philosophischen Fakultät der Unversität,Hamburg,1952.

Israel, Jonathan I, *European Jewry in the Age of Mercantilism*, Oxford, 1985.

Israel, Jonathan I, *Dutch Primacy in World Trade, 1585-1740*, Oxford, 1989.

Israel, Jonathan I, *Diasporas within Diaspora: Jews, Crypto-Jews and the World Maritime Empires (1540-1740)*, Leiden , 2002.

Kagen, Richard L. and Philip D. Morgan (eds.), *Atlantic Diasporas: Jews, Conversos, and Crypto-Jews in the Age of Mercantilism, 1500-1800,* Baltimore.

Kellenbenz, Hermann, "Sephardim an der unteren Elbe: Ihre wirtscahliche und politische Bedeutung von Ende des 16. bis zum Beginn des 18. Jahrhunderts", *Vierteljahrschrift für sozial - und wirtschaftsgeschichte*, Beiheft, Nr.40, 1958.

Kent, H. S. K. *War and Trade in the Northern Seas: Anglo-Scandinavian Economic Relations in the Mid-eighteenth Century*, London and New York, 1973.

Kirby, David, *Northern Europe in the Early Modern Period: The Baltic World 1492-1772*, London and New York, 1990.

Klein, Peter W., *De Trippen in de 17e eeuw: Een studie over het ondernemersgedrag op de Hollandse stapelmarkt* , 1965, Assen.

Klein, Peter, *The Atlantic Slave Trade,* Cambridge, 1999.

Klein, Peter W. and Jan Willem Veluwenkamp, "The Role of the Entrepreneur in the Economic Expansion of the Dutch Republic", in Karel Davids and Leo Noordegraaf (eds.), *The Dutch Economy in the Golden Age*, Amsterdam, 1993, pp.

Dickson, P. G. M, *The Financial Revolution in England: a Study in the Development of Public Credit* , Aldershot. 1967, rev. 1993.

Ebert, Christpher, *Between Empires: Brazilian Sugar in the Early Atlantic Economy, 1550-1630,* Leiden, 2008.

Emmer, P. C., O. Pétré-Grenouilleau and J. V. Roiman (eds.), *A Deus ex Machina Revisited: Atlantic Colonial Trade and Euopean Economic Development*, Leiden-Boston.

Evans, Chris and Göran Rydén, *Baltic Iron in the Atlantic World in the Eighteenth Century,* Leiden, 2007.

Fedorowicz, J. K., *England's Baltic Trade in the Early Seventeenth Century*, Cambridge, 1980.

Fisher, Frederick Jack, (P. J. Corfield and N.B. Harte eds.)*London and the English economy, 1500-1700*, London , 1990.

Flynn, Dennis O. N. and Arturo Giráldes, "Globalization began in 1571" in Barry K. Gills and William R. Thompson (eds.), *Globalization and Global Hhistory*, London and New York, 2006, pp. 232-247.

Fritschy, J. M. F., *De patriotten en de financien van de Bataafse Republiek: Hollands Krediet en de smalle marges voor een nieuw beleid (1795-1801)*, Den Haag, 1988.

Fritschy, Wantje,"A'Financial Revolution' Reconsidered: Public Finance in Holland during the Dutch Revolt, 1568-1648", *Economic History Review*, 2nd ser., Vol. 56, No. 1, 2003, pp. 57-89.

Fritschy, Wantje, "Three Centuries of Urban and Provincial Public Debt: Amsterdam and Holland", in M. Boone, K. Dadids and P. Janssens (eds.), *Studies in European Urban History 3 Urban Public Debts: Urban Government and the Market for Annuities in Western Europe (14th-18th Centuries)*, Turnhost, 2003, pp. 75-92.

Gelderblom, Oscar, *Zuid-Nederlandse kooplieden en de opkomst van de Amsterdam stapelmarkt (1578-1630)*, Hilversum, 2000.

Gelderblom, Oscar (ed.), *The Political Economy of the Dutch Republic*, Ashgate, 2009.

Glamman, K., "European Trade, 1500-1700", in Carlo M. Cipolla (ed.), *Fontana Economic History of Europe*, Glasgow, 1970, pp. 427-526.

Hancock, David, *Citizens of the World: London Merchants and the Integration of the British Atlantic Community,* 1735-1785, Cambridge, 1995.

Hancock, David, *The Oceans of Wine: Madeira and the Emergence of American Trade and Taste,* New Heaven, 2009.

Headrick, Daniel R. ,*The Invisible Weapon: Telecommunications and International Politics 1851–1945,* Oxford,1991.

Headrick, Daniel R. ,*When Information Came of Age: Technologies of Knowledge in the Age of Reason and Revolution, 1700-1850,* Oxford, 2000.

Conscience, Hendrik, *De Koopman van Antwerpen*, Brussels, 1912.
Crafts, Nicholas F.R., *British Economic Growth during the Industrial Revolution*, Oxford, 1985.
Crouzet, François, *L'économie Britannique et Blocs Continental, 1808-1813*, 2 tomes, Paris,1958.
Crouzet, François, "Wars, Blockade, and Economic Change in Europé, 1792-1815", *Journal of Economic History*, 2nd ser., Vol. 24, 1964, pp. 567-588.
Crouzet, François,"Angletere et France au XVIIe siècle: Essai d'analyse comparée de croissances économiques", *Annales E.S.C.*, tome 21, 1966, pp. 254-291.
Crouzet,François,"Bordeaux: An Eighteenth Century Wirtshaftswunder?", in Crouzet, F., *Britain, France and International Commerce: From Louis XVI to Victoria*, Aldershot, 1996, pp.42-57.
Dahlgren, E. W., *Louis de Geer 1587-1652: Hans lif och verk*, 2 Vols., 1923, repr. Stockholm, 2002.
Davids, Karel and L. Noordegraaf (eds.), *The Dutch Economy in the Golden Age*, Amsterdam, 1993.
Davids, Karel and Jan Lucassen (eds.), *A Miracle Mirrored: The Dutch Republic in European Perspective*,Cambridge, 1995
Davis, Ralph, "English Foreign Trade, 1660-1700", *Economic History Review*, 2nd ser., Vol. 7, No. 2, 1954, pp. 150-166.
Davis, Ralph, "English Foreign Trade, 1700-1774", *Economic History Review*, 2nd ser. Vol. 15, No. 2, 1962, pp. 285-303.
Davis, Ralph, *The Rise of the Atlantic Economies*, London, 1973.
De Goey, Ferry and Jan Willem Veluwenkamp (eds.), *Entrepreneurs and Institutions in Europe and Asia 1500-2000*, Amsterdam, 2002.
De Jong, Michiel, *'Staat van Oorlog': Wapenbedrijf en Militaire Hervormingen in de Repubuliek der Verenigde Nederlanden, 1585-1621,* Hilversum, 2005.
De Jong, Michiel, "Dutch Entrepreneurs in the Swedish Crown Trade, 1580-1630", in Hanno Brand (ed.), *Trade, Diplomacy and Cultural Exchange. Continuity and Change in the North Sea Aarea and the Baltic ca. 1350-1750,* Groningen, 2005.
De Vries, Jan, "Connecting Europe and Asia: a Quantitative Analysis of Cape-route Trade, 1497-1795", in Dennis Flynn, Arturo Giráldes and Richard von Glahn (eds.), *Global Connections and Monetary History, 1470-1800,* Aldershot, 2003, p. 35-106.
De Vries, Jan en Ad van der Woude, *The First Modern Economy : Success, Failure, and Perseverance of the Dutch Economy, 1500-1815*, Cambridge, 1997.
Deane, Phyllis and W.A. Cole, *British Economic Growth, 1688-1959: Trends and Structure*, Cambridge, 1962.

Bonney, Richard, "Le secret de leurs familles: the Fiscal and Social limits of Louis XIV's dixieme", *French History*, Vo.7, No.4, 1993, pp. 383-416.

Bonney, Richard (ed.), *Economic Systems and State Finance*, Oxford,1995.

Bonney, Richard (ed.), *The Rise of the Fiscal State in Europe, c.1200-1815*, 1999, Oxford.

Bowen, Huw, *The Business of Empire: the East India Company and Imperial Britain, 1756-1833,* Cambridge, 2006.

Boxer, C.R., *The Portuguese Seaborne Empire,1415-1825,* London, 1977.

Braudel, Fernand et R. Romano, *Navires et Marchandises à l'entrée du Port de Livourne (1547-1611)*, Paris, 1951.

Braudel, Fernand and F. C. Spooner, "Prices in Europe from 1450 to 1750", in Rich, E. E. and C. H. Wilson (eds.), *Cambridge Economic History of Europe,* IV, London and New York, 1967, pp.374-486.

Brezis, Elise S., "Foreign Capital Flows in the Century of British Industrial Revolution: New Estimates, Controlled Conjectures", *Economic History Review*, 2nd ser., Vol. 48, No.1, pp.46-67.

Brulez, W.,"De Diaspora der Antwerpse kooplui op het einde van de 16e eeuw", *Bijdragen voor de Geschiedenis der Nederlanden*, Vol. 15 , 1960, pp. 279-306.

Butel, Paul, *Les négociants bordelais: l' Europe et les Iles au XVIIIe siècle*, Paris, 1974.

Butel, Paul, "Les négociants allemands de Bordeaux dans la deuxième moitié du XVIIIe siècle", J. Schneider, et al.(Hg.), *Wirtschaftskräfte in der europäischen Expansion: Festschrift für Hermann Kellenbenz*, Klett-Cotta, 1978, pp. 589-614.

Butel, Paul "France, the Antilles, and Europe in the Seventeenth and Eighteenth Centuries: Reviews of Foreign Trade", in J. D. Tracy (ed.), *The Rise of Merchant Empires: Long Distance Trade in the Early Modern World 1350-1750*, Cambridge, 1990, pp. 153-173.

Butel, Paul, *L'économie française au XVIIe siècle*, Paris, 1993.

Butel, Paul, *The Atlantic*, London and New York, 1999.

Christensen, A .E., *Dutch Trade to the Baltic about 1600*, Copenhagen and The Hague, 1941.

Cipolla, C. M., *Before the Industrial Revolution: European Society and Economy, 1000-1700,* 2nd ed., New York and London, 1981.

Clark, Gregory "What Made Britannia Great? How Much of the Rise of Britain to World Dominance by 1850 Does the Industrial Revolution Explain?", in Timothy J. Hatton, Kevin O'Rourke and Alan M Taylor, (eds), *The New Comparative Economie History: Essays in Honour of Jeffrey G. Williamson,* Cambridge Mass, 2007.

Coleman, D. C. (ed.), *Revisions in Mercantilism*, Bungay, 1969.

主要参考文献（著書・論文）

■欧文文献

Ahvenainen, Jorma *The Far Eastern Telegraphs: The History of Telegraphic Communications between the Far East, Europe and America before the First World War*, Helsinki, 1981.

Ahvenainen, Jorma *The History of the Caribbean Telegraphs before the First World War*, Helsinki, 1996.

Ahvenainen, Jorma, *The European Cable Companies in South America before the First World War*, Helsinki, 2004.

Åström, Sven-Erik,"From Cloth to Iron: The Anglo-Baltic Trade in the Late 17th Century", Part I: "The Growth, Structure and the Organization of the Trade", *Commentationes Humanum Litterarum*, XXIII,1, 1963.

Åström, Sven-Erik,"From Cloth to Iron: The Anglo-Baltic Trade in the Late 17th Century", Part II: "The Customs Accounts as Accounts Sources for the Study of Trade", *Commentationes Humanum Litterarum*, XXXVII, 3, 1965.

Attman, Artur, *The Bullion Flow between Europe and the East 1000-1750*, Göteborg, 1981.

Baasch, Ernst,"Zur Statistik des Ein- und Ausfuhrhandels Hamburgs Anfang des 18. Jahrhundert", *Hansische Geschichtsblätter*, Bd.54, 1929, S. 89-143.

Baghdiantz McCabe, Ina, Gelina Harlaftis and Ioanna Pepelasis Minoglou (eds.), *Diaspora Entrepreneurial Networks: Four Centuries of History*, Oxford and New York, 2005.

Barbour, V., *Capitalism in Amsterdam in the Late 17th Century*, Baltimore, 1962.

Blanchard, Ian (Philipp Robinson Rössner ed.), *The International Economy in the "Age of Discoveries", 1470-1570: Antwerp and the English Merchants' World*, Wiesbaden, 2009.

Bogucka, Maria, "Amsterdam and the Baltic in the First Half of the 17th Century", *Economic History Review*, 2nd ser., Vol. 29, No. 3, 1973, pp. 433-447.

Bogucka, Maria, "The Role of Baltic Trade in European Development from the XVIth to the XVIIth Centuries", *Journal of European Econimoic History*, Vol. 9, No. 1, 1980, pp. 5-20.

Bogucka, Maria, *Baltic Commerce and Urban Society, 1500-1700*, Aldershot, 2003.

Bonney, Richard, "The State and its Revenues in Ancien Regime in France", *Historical Research*, Vol. 65, 1992, pp.150-176.

ブローデル、フェルナン　90
フロンドの乱　125
文明化の使命　15
ヘゲモニー国家　39-40, 91, 108, 180-4
ヘッドリック、ダニエル　59
ヘルデルブロム、オスカー　74
ペルナンブーコ　168-70
ヘント　191
北海　27, 160, 214
ポトシ銀山　155
ボニー、リチャード　137-8
ホブズボーム、エリック　126
ポメランツ、ケネス　20, 24, 27, 35, 40, 42, 50-1, 206-7
ホラント州　107, 129
ボルドー　173-4, 198-9
ポルトガル　51, 70, 157, 162, 166-9, 172, 177-9, 199, 209

▶ま行

マーチャント・アドヴェンチャラーズ　73, 82, 84
マグヌソン、ラース　31-2, 43, 90-1, 207
マデイラ諸島　166, 168
マルクス、カール　19
「マルサスの罠」　35, 41, 43, 45
マルセイユ　173
マルティニーク島　170
ミシシッピ会社　139
南大西洋貿易　158, 161, 165
ミュラー、レオス　141, 201
無形財　2, 80, 93-4, 103-4
名誉革命　46, 149-51, 183
綿（——織物、——製品、——花）　21-2, 26, 49, 52, 156-7, 192, 195, 209
綿業　25-7, 52, 192
モキア、ジョエル　46-7, 51

▶や行

有形財　2, 80, 93, 103-4
有用な知識　46-52, 117
ユグノー　33, 98
ユダヤ人　2, 33, 73, 81, 179
ヨーロッパ中心史観　1, 54
ヨーロッパ内交易　159-60

▶ら・わ行

ライン川　191
ラムゼイ、ジョージ・ダニエル　83
ランデス、デイヴィッド　19
リヴォルノ　179, 193
リエージュ　76, 110
利子生活者（ランティエ）　109, 129
リスボン　168, 193
リヨン　72
リンデグレン、ヤン　140
「例外的なイギリス」　151, 153, 179, 182, 213
レヴァント地方　84
レスハー、クレ　74, 79-80
ロイズ　59, 115-16
ロシア　49, 52, 83
ロンドン　17, 59, 69, 73, 82-91, 98, 101, 116, 136, 195-204, 209, 212, 217-8
ワーテルローの戦い　135
ワイン　174, 199

ドイツ　48, 50, 75-6, 82, 85, 88-9, 168, 172, 176, 194, 201, 207
ドイツ関税同盟　207
銅　70
同一宗派のネットワーク　66-7
トピック、スティーヴン　55-6, 103
取引所　22, 72, 88
奴隷貿易　157-65, 169-74
消費税（内国——）128, 130, 132-5, 139, 143

▶な行

ナポレオン　62, 194
ナポレオン戦争　138, 183-200, 214
南海泡沫事件　132, 139, 140
ナント　98, 174
ニール、ラリー　151, 190
西インド諸島　146, 175-6, 189
西村静也　217
二宮宏之　148
ニューイングランド　176
ネイボップ　114
ネーデルラント　48, 68, 73-4, 168, 172
ネーデルラント連合王国　207
ノース、ダグラス　150

▶は行

ハイチ　145, 209
服部春彦　144
バヒーア　165, 168, 170
ハプスブルク帝国　172
パルタサラティ、プラサンナン　48, 52
バルト海　77, 80, 89, 118, 155, 160, 177, 214
バルバドス　170-1
ハンガリー　70
ハンコック、デヴィッド　159
ハンザ商人　105
ハンザ同盟　91
ハンザ都市　73, 106
ハンブルク　69, 72-3, 157, 169, 177, 179, 181, 193, 195-203, 212, 214
ハンブルク銀行　108
ピーパー、レナーテ　229
東インド貿易　176, 180
ピサロ、フランシスコ　171
ピューリタン革命　47, 124, 150
ファルツ継承戦争　126
ファン・ザンデン、ヤン・ライテン　27, 47, 51-2, 117
フィッシャー、フレデリック・ジャック　82-6, 136
フィレンツェ　72
フェリペ2世　62
プエルト・リコ　172
不換紙幣　138-9
武器貿易　112-13
フッガー家　172
ブラジル　165-6, 169
フランク、グンダー　20
フランクフルト　195
フランス　18, 48, 51, 126, 130-3, 138-40, 144-9, 152, 156-8, 162, 168, 172-7, 181-210
フランス・インド会社　174
フランス革命　17, 47, 138, 183-210, 214
プランテーション　156, 165, 168, 171
ブランデンブルク・プロイセン　126, 177
フランドル　84, 168
ブリュッヘ　69, 91, 168
ブリュレ、ヴィルフリド　68
フリン、デニス　229
ブルーワ、ジョン　123
ブレジス、エリーゼ　188, 190
プロイセン　112, 126, 207

宗教的寛容　81, 105, 199, 212
宗教的迫害　33, 65, 81, 199
従属理論（従属学派）　2, 20, 39, 57
「17世紀の危機」　125-6
自由貿易　160, 180, 214
主権国家　17, 31-3, 60-3, 98, 120-53, 213
シュンペーター、ヨーゼフ　42-3, 123
144
商業革命　134, 144, 175
商業技術　75, 100, 102, 105-6
商業書簡　104, 107, 110
商業新聞　102-7
商人ネットワーク　3, 18, 23, 36, 63-5
68-91, 75, 88-91, 96-9, 117, 142, 160
182, 196, 203, 212
商人の手引書　22, 100, 102
商品連鎖　35, 55-8, 103, 104
情報伝達のスピード　96, 117, 215-16
情報の非対称性　22, 93, 97
情報連鎖　102-4, 107
所得税　135, 184, 190-1
ジョン・ロー　139, 143
——のシステム　132, 138-40, 143
神聖ローマ帝国　61, 113, 121, 126
スイス　191-2, 205
スウェーデン　31, 49, 52, 98, 110, 127
131, 140-2, 158, 201
——東インド会社　131
スティグリッツ、ジョセフ　22
ステープル　73, 78, 84
情報の——　80, 104
ステュアート、ジェームズ　42
スペイン　17, 51, 68, 75, 156-8, 162, 165
171-3, 177-9, 199, 209
スペイン継承戦争　130
スミス、アダム　42, 204
税金　64, 122, 128, 130, 189, 195, 213
セウタ　166
世界経済　28, 61
世界商品　26, 55
世界帝国　28, 61, 63, 122
石炭　20, 25, 27, 41, 42, 49-52, 134, 195
セファルディム　2, 3, 33, 73, 81, 105, 171
178, 197-200
船舶　17, 52, 97, 174
造船業　195

▶た行

タールト、マーヨレイン　128
大西洋貿易　3, 26, 33-4, 49, 51, 119
153-82, 213
第二次百年戦争　183, 199
『大分岐』　20
「大分岐」論　19-23, 26, 32, 35, 40-9, 94
117-18, 212, 213
大陸封鎖令　190
多角決済システム　217
タバコ　157
地租　127, 132-3, 140, 143
地中海貿易　173
中国　16, 41, 43, 45, 48, 196
直接税　132-3, 139
通行税　127, 194
角山榮　92
ディアスポラ　2, 33, 65-75, 87-8, 97-9
118, 198, 212
ディーン、フィリス　184, 186
低開発化（低開発国）　28-9, 85
帝国間貿易　3, 34, 177-9
鉄　49, 52, 190, 193, 195
鉄工業　110, 143, 192
鉄道（——業）　207, 209, 215, 218, 221
電信　59, 215-22
デンマーク　27, 127, 131, 141, 157-8, 177
ド・イェール、ルイ　77, 110
ド・フリース、ヤン　33

オランダ東インド会社　77, 131, 158

▶か行

海運業　16, 17, 49, 116, 118, 194-5, 201
海上保険　59, 116
海底ケーブル　215-16
価格表　22, 72, 88, 104-7
課税負担　128, 135
カリブ海　85, 154, 157, 162-5, 170-2, 178
川北稔　28, 85, 92, 118, 160-1, 176
間接税　132-3, 135
『完全なる商人』　101
企業家　30, 46, 99
技術革新　42-3, 189
規制貿易　160, 214
北大西洋貿易　51, 158, 161, 165
キューバ　162, 173
金　86, 139, 166, 172
　——本位制　139, 217
銀　23, 32, 70, 72, 86, 88, 155, 217
　——本位制　217
近代世界システム　18, 27-34, 38-40, 50-62, 88-91, 211
金融業者　110, 146, 148, 172, 221
グーツヘルシャフト　58
グーテンベルク革命　47, 95-7, 100-1, 216
クラーク、グレゴリー　44-6, 50-1, 185
クラウディング・アウト　185-91, 214
クラフツ、ニコラス　185
クルゼ、フランソワ　174, 191-4, 202
グローバルヒストリー　20, 29, 31, 36-8, 40, 50-60, 229
グロティウス、フーゴー　180
軍事革命　122-4, 143
計量経済史　37, 151, 184
ゲートウェイ理論　78-80
毛織物　26, 69, 70, 75, 82-6
ケルン　70, 105
航海法　49, 110, 179-80, 188, 204, 221
公債　107, 129-30, 135, 186-9, 221
香（辛）料　16, 70, 75, 166
コーヒー　21, 55, 145, 158, 198
コーヒーハウス　115-17
国債　108, 127, 134, 139-40, 152-3, 186, 188, 190, 204, 213
国際分業体制　39, 56, 58, 60
国際貿易商人　65, 96-9, 114, 117, 147, 202
国民意識　3, 149, 213, 219
国民国家　5, 61, 121, 142, 149, 207-8, 213, 218
「国家の見える手」　3, 31, 43, 179, 208, 213-14
コロンブスの交換　21-2

▶さ行

「財政＝軍事国家」　3, 32, 63-4, 114, 119-30, 143, 153, 203
サヴァリ、ジャック　101
砂糖（サトウキビ）　21-2, 145, 157-8, 165-81
サン・ドマング　145, 162, 174
サン・トメ島　166, 168
三角貿易　157, 176
産業革命　3, 18, 20, 24-7, 37, 43-7, 118, 155, 186, 207-8
産業資本主義　30, 55, 59, 84, 115
三十年戦争　122, 125-6
ジェノヴァ　73, 91, 105
ジェントルマン　118, 160, 220
ジェントルマン資本主義　215, 221-2
市場の失敗　23, 94
七年戦争　131, 156
シティ（ロンドン）　59, 220-2
支配＝従属関係　30, 53-60, 137, 219

索　引

▶あ行

アイルランド　64, 176
アカロフ、ジョージ　22
秋田茂　40, 42
アジア的生産様式　19
アジアの相対的自立性　58, 60
アシニア紙幣　138-9
アゾレス諸島　167-8
アムステルダム　2, 23, 68-81, 87-91, 103-13, 117-18, 128, 150-1, 169-71, 177, 181, 190, 195-200, 212, 214
　——銀行　128
　——取引所　22, 108
アメリカ合衆国　26, 39, 114, 189, 194
アメリカ独立戦争　131, 158, 195
アルメニア人　81, 105
アントウェルペン　2, 17, 22, 67-77, 82-7, 88-91, 101-5, 168-9, 172, 198-207, 212
アントウェルペン商人　2, 68-9, 72-7, 82, 86-8, 198, 212
イェーテボリ　131, 201-2
イギリス―オランダ戦争
　第一次——　125-6, 195
　第二次——　31, 125, 169
　第三次——　125
　第四次——　189
イギリス産業革命　23, 26, 42, 46, 52, 59, 119, 152, 157, 182-6, 208-9, 222
イギリス東インド会社　26
イタリア　17, 82, 86, 89, 101-2, 106, 168, 194
異文化間交易　3, 66, 81, 102, 178
岩切正介　116
イングランド　64, 69, 70-5, 82-8, 108, 128, 131-2, 136, 140, 143, 152, 179, 188
イングランド銀行　108, 128-9, 132, 140, 143, 149, 153, 188, 213
インド　16, 49, 52, 114-15, 131, 189, 196, 216
「インヘニオ」型工場　172
ウィーン体制　183-210, 214
ウィリアムズ、エリック　85
ウィリアムソン、ジェフリー　185-7
ウェインガスト、バリー　150
ヴェストファーレン（ウェストファリア）条約　61, 122, 205
ヴェネツィア　17, 90-1, 101, 115, 195
ウォーラーステイン　2, 18, 27-31, 38-40, 53-8, 62-5, 85, 89-91, 203, 211
エンリケ航海王子　166
王領地回収政策　127, 142
オーストリア継承戦争　131
大塚久雄　92
オスマン帝国　16, 52
オブライエン、パトリック　36, 53, 54, 63, 111, 132, 135-8, 147, 155-6, 194, 196
オランダ独立戦争（八十年戦争）74-5, 125, 127
オランダ西インド会社　131, 169

玉木俊明（たまき・としあき）

1964年大阪市生まれ。同志社大学文学部卒業、同大学大学院文学研究科（文化史学専攻）博士後期課程単位取得退学。現在、京都産業大学経済学部教授（西洋経済史）。著書：『北方ヨーロッパの商業と経済』『拡大するヨーロッパ世界 1415-1914』（知泉書館）、『近代ヨーロッパの誕生』（講談社選書メチエ）、『ヨーロッパ覇権史』（ちくま新書）、『近代ヨーロッパの探究　国際商業』（共著、ミネルヴァ書房）、『ヘゲモニー国家と世界システム』（共著、山川出版社）、『歴史の見方』（創元社）、『私と西洋史研究』（共著、創元社）など。

近代《きんだい》ヨーロッパの形成《けいせい》

商人《しょうにん》と国家《こっか》の近代《きんだい》世界《せかい》システム

2012年9月10日　第1版第1刷発行
2020年3月20日　第1版第4刷発行

著　者……玉　木　俊　明

発行者……矢　部　敬　一

発行所……株式会社 創　元　社

〈ホームページ〉https://www.sogensha.co.jp/
〈本社〉〒541-0047 大阪市中央区淡路町4-3-6
Tel.06-6231-9010(代)
〈東京支店〉〒101-0051 東京都千代田区神田神保町1-2 田辺ビル
Tel.03-6811-0662(代)

印刷所……株式会社 太洋社

ISBN978-4-422-20336-2 C1322